周蓓 主編

『民國專題史』叢書

梁啓超 著

河南人民出版社

各國興亡小史

敘述波蘭、斯巴達、雅典、朝鮮、越南等國的興亡史及其原因，尤其關注弱小民族的亡國命運，痛惜政治腐敗導致的國勢傾頹，憂慮列强虎視眈眈、弱肉强食的國際格局，啓蒙和警策各中國民族意識的覺醒

圖書在版編目（CIP）數據

各國興亡小史 / 樑啓超著. —鄭州 : 河南人民出版社, 2016. 4(2017. 1 重印)
(民國專題史叢書 / 周蓓主編)
ISBN 978 - 7 - 215 - 10082 - 4

Ⅰ. ①各… Ⅱ. ①樑… Ⅲ. ①世界史 Ⅳ. ①K1

中國版本圖書館 CIP 數據核字(2016)第 079786 號

河南人民出版社出版發行
（地址：鄭州市經五路 66 號　郵政編碼：450002　電話：65788063）
新華書店經銷　河南新華印刷集團有限公司印刷
開本 710 毫米×1000 毫米　1/16　印張 8
字數 120 千字
2016 年 4 月第 1 版　2017 年 1 月第 3 次印刷

定價 ：51.00 圓

出版前言

中國現代學術體系是在晚清西學東漸的大潮中逐步形成的。至民國初建，中央政治權威進一步分散和削弱，加之新文化運動帶給國人思想上的空前解放，新學的啓蒙，新知識分子的産生，民國學術如草長鶯飛，進入一個自由而蓬勃的時代。中國傳統學科乃中國學術之根基與菁華所在，民國學人采用『取今復古，别立新宗』之方法，引入西方的學術觀念，積極改造，使史學、文學等學科向現代學術方向轉型。此外，大力推介西方社會科學的新學科和自然科學，在學習、借鑒乃至移植西方現代學術話語和研究範式的過程中，逐漸建立中國現代學科，使中國的學科門類迅速擴展。一時間，新舊更迭，中西交流，百花齊放，萬壑争流，開創了中國現代學術的源頭。

伴隨知識轉型和研究範式轉換而來的，還有學術著作撰寫方式的創新。中國古代的著作向來以單篇流傳，經後人整理匯編後，方以成册成集的面目出現并持續傳播。直到十九世紀末，東西方的歷史編撰體裁不外乎多卷本的編年體、紀傳體和紀事本末體等，章節體的出現標志着近代西方學術規範的産生和新史學的興起。章節體具有依時間順序，按章節編排；因事立題，分篇綜論；既分門别類，又綜合通貫的特點。以章、節搭建起論述之框架，結構分明，邏輯清晰，較傳統的撰寫體裁容量大、系統性强。它的傳入，使中國現代學術體系從内容到形式被納入了全球化的軌道。民國時期專題史的研究、譯介、編纂、出版恰恰是在這樣的背景下欣欣而發，是學術的實驗場，也是歷史的記録儀。編選『民國專題史』叢書的初衷正是爲了從一個側面展示中國學術從傳統向現代過渡的歷史進程。

專題史是對一個學科歷史的總結，是學科入門的必備和學科研究的基礎，也是對一個時代艱深新鋭問題的解答，是學術研究的高點。民國專題史著作中，既包含通論某一學科全部或一時代（區域、國别）的變化過程的，又囊括對一時代或一問題作特殊研究的，還有少部分是對某一專題的史料進行收集的。原創與翻譯并重，翻譯的底本大多選擇該學科的代表著作或歐美大學普及教本，兼顧權威性和流行性，其中日本學者的論著占據了相當比重。日本與中國同屬東亞儒家文化圈，他們在接納西方學術思想和研究模式時，已作了某種消化與調適，從思維轉換的角度看，更便于中國借鑒和利用，他們的著作因而被時人廣泛引進。

與當代學術研究日趨專業化、專門化、專家化的『窄化』道路迥乎不同的是，中國傳統學術崇尚『學問主通不主專，貴通人不尚專家』的通識型治學門徑，處于過渡轉型期的民國學術在不同程度上保留了這種特徵。民國學術大師諸學科貫通一脉、上千年縱横捭闔之功力自不待冗言，外交家著倫理政治史、文學家著哲學史、化學家著戰争史等亦不乏其人，民國專題史研究呈現出開放、融通、跨界撰述的特點。與此同時必須看到，自晚清以來，中國的命運就在外侮屢犯、内亂頻仍的窘境中跌宕彷徨，民族存亡仿若命懸一綫。這股以創建學科、總結經驗、解決問題爲指歸的專題史出版風潮背後，包裹着民國學人企望以西學爲工具拯民族于衰微的探索精神，及以學術救亡的愛國之心。梁任公曾言：『史學者，學問之最博大而最切要者也，國民之明鏡也，愛國心之源泉也。』這種位卑未敢忘憂國的歷史使命感和國民意識是令人無法漠視和遺忘的。

『民國專題史』叢書收録的範圍包括現代各個學科，不僅限于人文社會科學，學科分類以《民國總書目》的分科爲標準，計有哲學、宗教、社會、政治、法律、軍事、經濟、文化、藝術、教育、語言文字、中國文學、外國文學、中國歷史、西方史、自然科學、醫學、工業、交通共19個學科門類。本叢書分輯整理出版，内不分科，單本發行，方便讀者按需索驥。既可作爲大專院校圖書館、學術研究機構館藏之必備資源，也可滿足個人研讀或興趣之收藏。

與目前市場已有的一些專題史叢書相比，『民國專題史』叢書具有規模大、學科全、選本精、原版影印的特點。本叢書選目首重作者的首創、權威和著作影響力，尤其注重選本的稀見性。所謂稀見，即建國後没有再版，且多數圖書館没有收藏，或即便有收藏，也是歸于非公開的珍本之列予以保存，普通讀者難以借閲。部分圖書雖有電子版，但作爲學術研究的經典原著讀本，紙質版本更利于記憶和研究之用。本叢書精揀版本最早、品相最佳的原版圖書作爲底本，因而還具有很高的版本收藏價值。

『民國專題史』的著作是民國學者對于那個時代諸問題之探究，往往有獨到之處，無論其資料、觀點短長得失如何，要之在中國現代學術史的構建與發展進程中，自有其開宗立論之地位。

飲冰室專集

波蘭滅亡記

吾聞之波蘭之再亡於俄也俄人窮治倡義之黨凡迹涉疑似稍預其謀者皆解往西伯利亞及靠喀蘇山勒令充兵遷波人三萬至靡喀蘇開墾荒蕪無許隨帶眷屬其人皆權爵紳富及爲士者檻車纍纍相屬於道如驅羊犬田產沒於異族妻子夷爲奴句一千八百三十年三月俄王諭波人自七歲以上凡窮困及無父母者徙置邊地初則夜拘幼孩繼則白晝刦奪其年五月十七日有長車一隊內置孩提無數將解往西伯利亞展輪之際其父母號哭攀援願與偕行軍士怒毆傷踣地或入車下甘爲輪蹍蹂死血肉狼籍闐衢溢軌孩童途中僅食粗饅有病即棄置於路旣斃其饅尚在其側乃至禁士民言語用波士音令悉從俄人方言書院學塾咸習俄文時有士子及少年潛聚偉埒那用波士音問答爲邏者所執遂科重罪嗚呼國之不競而受人縛軛其荼毒之苦豈可言哉豈可言哉波蘭當一千六七百年間固歐洲之雄國也旣而內政不修君民上下習於疲軟在官諸臣貪惰失職民亂毛起不能自救公私困窮日甚一日至一千七百六十三年俄命甘斯臨爲駐波公使大出金帛以賂波人於是波廷諸臣皆有倚俄之心甚至百姓欲爲俄民者過半是年十月波王卒俄遂以兵强立所愛爲波王復與布立密約有波蘭王位不得循世及之常王死則令百姓公舉如有擅立吾兩國共廢之等語六十五年波國民亂乞兵於俄以遏寇虐俄兵乘勢入波焚戮甚慘是時波蘭孱弱已極廷臣皆俄所命所以波百姓尙多固

結陰以賄結其豪使各相攜貳波廷懲兵亂之事下令凡士民聚會講論政學者皆禁之民氣益衰一千七百七十二年俄奥布共立約分波蘭地俄得一萬九千八百方里奥得一萬三千五百方里布得六千三百方里强使波王上書獻地求和所餘之地僅四萬二千方里而已土耳其特倡義師遏强扶弱旋爲俄所敗歐洲諸國皆懼俄威惴惴自保無復有過問波事者一千七百八十九年俄與布廷私議欲盡滅波蘭免至遺民蠢動九十三年率兵八萬壓波境波弁哥斯甚烏鎖起義拒俄不克遁至意大利九十五年俄奥布再分波蘭地逼令波王遜位許歲給銀二十萬以資食用官欠債項悉爲代償波蘭遂亡及亞歷山德卽俄王位噢咻波民疊沛恩施視俄人有加一千八百十八年三月親至波蘭闢議院諭於衆曰爾國先世本有議部今所以復設者因爾民智慧能識大體故以此權相畀吾非不欲使俄民共循此例奈粗忽愚頑不敢遽授以柄也波人悅其言深相信愛時俄以柴洪石爲波蘭總督監理國政而王弟君士但丁公爲大將軍鎮守其地閒一歲再聚議波人訴曰吾等徒列議會而權不少假惟大將軍總督之命是從是受欺於王也不省又廢波人新聞紙館無許印售波民之充兵者亦皆散歸波蘭全土既歸三國版圖及拿破侖起於法嘗許波人自立稱華沙侯拿破侖敗各國大會於維也納議定爲王國以俄帝兼之其後波民屢懷再造一千八百三十年至三十五年一千八百六十三年至六十五年兩次倡義血戰頻年或以將帥失機或以軍民不習或以衆寡懸殊卒被强俄摧陷廓清歷波蘭總督爲聖彼得堡直隸波蘭再亡

論曰俄之鯨吞蠶食諸國以自廣大雖由兵力抑亦有權謀焉或尊其教門以誘之或結爲婚姻以伺之或通其權貴以脅之以此道墟人國者匪一姓矣波蘭既內政不修積弱滋甚家有狐鼠乃欲倚虎狼以自壯乃至擇肉

以食。始相顧失色。無可爲計。諡爲至愚。不亦宜哉。大地兵氣。日結日深。好仁之士。倡爲公法學。冀以大義遏强暴。扶弱。徵余觀俄布奧三國結無道之約。出無名之師。瞷然取二十四萬里之地而瓜分之。諸國袖手。莫敢誰何。爲觀所謂公法者乎。不圖自强。而欲庇大國之宇下。藉他人之保護。嗚呼。則足以速其亡而已。今夫鄰俄之國。若瑞典若丹麥。其地其民。未有以逾於波蘭。而至今巋然尙存。然則波蘭者。其亦自亡。而非俄之亡之也。

飲冰室專集

斯巴達小志

發端

歐西惟古代近代有歷史，而中世無歷史。非無歷史也，其歷史黑闇而不足道也。故讀歐西中世之歷史，與讀中國數千年之歷史無以異。若其古代近代，則爛然放大光明矣。古代歷史國別雖多，要其中心點不外希臘羅馬。希臘歷史建國不尠，要其中心點不外斯巴達雅典。

論者曰：雅典爲文化之祖國，斯巴達爲尚武之祖國。斯固然也。又曰：雅典爲自由政體之祖國，斯巴達爲專制政體之祖國。似也，然未得其眞也。斯巴達之專制，與東方所謂專制者大異。彼蓋民權之專制，非君權之專制也。斯巴達置兩王，置五執政官，置元老議會國民議會。置兩王者，使互相牽倚，不能獨行其專制也。一國主權全在五執政官之手，而此執政官每年更任，由元老國民兩議會選舉之，其民權之昌明何如也。近世立憲君主國，皆以「君主無責任」之文載諸憲法，且言君主不能爲惡。夫君主何以無責任，何以不能爲惡，其責任皆大臣代負之也。（普魯士憲法第四十四條云：各大臣代國王負責任，凡關於政務之公文，必使責任大臣一名連署，方爲有效。其餘各國憲法亦大略類是。）故憲法立而革命之慘劇可以永絕，所革者責任大臣，而於君主無與也。此誠過渡時代絕妙之法門也。而其精神其體例，實自斯巴達啓之。斯巴達實今日全世界十數强國文明國之祖師也。

墨子非攻春秋無義戰雖然此自宗教家救時之言大同太平以後之義而決非可以施諸今日且按諸天演物競之公例其勢抑有不能至者也故尙武精神爲立國第一基礎識者所同認矣而自今以往二十世紀之世界更將以此義磅礴充塞之非取軍國民主義者則其國必不足以立於天地然則今後有國民之責任者徒法雅典而不足以自善其不能不兼法斯巴達昭昭然也故雅典爲十九世紀之模範斯巴達爲二十世紀之模範十九世紀民族主義時代也其所爭者在國內君與民之間故當法雅典二十世紀民族帝國主義時代也其所爭者在本國與他國本族與他族之間故當法斯巴達安在乎斯巴達之可以岐視也。凡世界之文明國未有不爲『法治國』Constitutional State 者也但其民智開民德盛者則其民不假他力而能自範於法之中故監督之責可以稍殺其民智稚民德弱者則其民未能由自力以與法相浹故監督之權不得不嚴但使其法爲衆人而立經衆人所認而與衆人共守之則以專制之手段行法乃正所以進其民而成就其可享自由之人格而已中國以專制聞於天下然專制尙非所患所患者彼非有法之專制而無法之專制也故四萬萬人若散沙然暴君汙吏得以左右其手强鄰外敵得以吮剝其膏然則救今日之中國莫急於納一國國民於法之中夫古今中外之『法治國』其整齊嚴肅秩然不可亂凜然不可犯者孰有過於斯巴達乎斯巴達實今日中國之第一良藥也作斯巴達小志。

第一節　斯巴達立國起原

希臘人凡分四族曰德利安族 Dorian 曰渥奇安族 Achaean 曰埃阿尼安族 Ionian 曰伊阿里安族 Æolian

而斯巴達實德利安族之代表也皮羅般尼梭 Peloponnesus 之南岸本希臘全國發祥古地而渥奇安族所居也至紀元前一千一百年頃德利安族侵而代之歷史上名爲希臘人種大遷徙之時代德利安人既宅斯土於其間有三國起焉曰亞哥士 Argos 曰米士尼亞 Messenia 曰斯巴達而亞哥士襲前王正統之名得地最廣乃數傳以後亞哥士以占形勝而轉弱斯巴達以處多難而獲强則亦有故蓋斯巴達國雖小而在天羅達河之下游宅於平地加以四面環山常保持德利安人强武之舊習又其地土人勢甚猖獗全州皆爲渥奇安舊裔所分布斯巴達人如以軍隊屯營於敵國中刻苦稍弛則滅亡相隨其所以不能不實行專制政治者以此其所以能養成尚武之習以霸全希者亦以此

第二節　來喀瓦士之立法

紀元前八百八十年斯巴達有大立法家來喀瓦士 Lycurgus 者起時去斯巴達建國百餘年矣來喀者斯巴達之王族也斯巴達本爲兩王合治政體蓋德利安人之侵入斯土也與土著雜居凡爲六族無所統一後乃於六族中選其二爲王來喀即其中一王之子也少時被讒去國歷覽外邦先往格來特島此島者『德利安』族原居之地也政治最美或謂後此來喀所定憲法多取則於是云其後復往埃阿亞尼又往埃及（或言曾往印度）在外十餘年乃歸國人民歡迎之使佐王改革國政來喀乃託於天神所命以制定法案雖反對者不少卒排萬難以行之如是者有年猶欲舍其身以成就此制使垂久遠乃告國民曰吾受神命當復游外國但非待吾歸來勿改斯法則國家之福永無疆矣遂去不知所之竟不歸也或言實自沈以死云而斯巴達人遵其敎不敢紊易者五百

年。遂使斯巴達爲世界空前絕後第一完備之軍國。常執全希臘之牛耳。噫嘻。哲人之功在社稷。不亦偉乎。

案凡所謂國家者。必立法、行法、司法、三機關具備。若缺一者。不得爲眞國家也。中國數千年來。無立法之事。惟姬公之周禮。頗近之。然亦僅有行政法之一部。不足爲國法之全體也。歐西則當數千年前。即有來喀瓦士、梭倫、兩人傑。專任立法。其政治之日漸發達。不亦宜乎。

又案凡人終身不出國門一步者。則只有本羣之智識。而無他羣之智識。且既無他羣之智識。即本羣之智識。亦不完備矣。來喀所以能爲斯巴達創此大業者。皆由放逐居外十數年之賜也。

第三節　斯巴達之政體

斯巴達之政權機關有四。一曰王。二曰元老議會。三曰國民議會。四曰執政官。而王有二人。執政官有五人焉。皆來喀瓦士之憲法所明定者也。

（一）王　斯巴達之王。其主權悉如荷馬時代。（荷馬者希臘古代之詩人也古代事跡不可考荷馬詩所載者史家稱爲荷馬時代）王也者。國民之祭司長也。每月必代人民祈禱於『焦士』之壇。全國中到處有其采地。且常受人民之貢獻。其死也。布告全國。數千人相會。以十日間。行大葬禮。雖然。其名則高。其權實微。一國政權。實在五執政官之手。要而論之。王者。祭司長也。裁判長也。外征時之元帥也。於元老議會。則爲議長也。於國民議會。則有發言權也。至其所以必置兩王者何也。蓋利其互相軋轢。以王制王。希臘諸邦。欲坊專制而廢君主政體。斯巴達則增益利用之。至其所以爲坊一也。二王之制。恰與羅馬之廢君而置兩『孔蘇』Consuls（執政官之意也）者相同。又斯巴達之王。不許與外國結婚。亦不許兩王室互相爲婚。蓋一則防其與他王族相結託藉聲援以增其權也。一則使兩王族永不歸於混一長保其對峙之形也。然則斯巴達政體名爲君主制。而實則貴族共和制也。

案斯巴達政體。爲天下古今最奇之政體。無一不與尋常異。而二王亦其一端也。中國古訓曰。天無二日。民無二王。豈不以二之則國不能立乎。而斯巴達行之數百年。爲上古第一强國。則又何也。國爲王之國。則一而不能二矣。國爲民之國。則一之亦可。多之亦可。有之亦可。無之亦可。故觀今日美利堅法蘭西政體。而知無主乃亂之言不足信。（書經所言謂君主也非謂主權也若指主權言則固無以難矣）觀上古斯巴達羅馬（指『孔蘇』時代）政體。而知民無二王之說不足憑。此豈目論之儒所能解也。雖然、吾中國固未始無之矣。周人流厲王於彘。而周公召公執政。號稱共和者十四年。此正與羅馬之『孔蘇』若合符節者也。

又案斯巴達之王。實與今世英國之君主無異矣。雖謂民權發達之極點可也。

（二）元老議會　斯巴達之王。一如荷馬時代。有元老議會以爲之輔弼。所異者。彼則一切政事。由王決定。而授意於元老。此則王不能專斷而已。凡審判重罪權。悉在於元老。王不過爲之議長耳。其資格與他元老無以異。元老議會之議員。併兩王而其數三十。人民統分三種族。每族復別十部。部各出一人爲代表。二王實代表其中之二部也。其任議員終其身。由國民議會選舉之。非六十以上免功役者。不得與選。此議會之職掌。兼立法行政司法三權。每一法案。由元老會議提出。非已表決者。不得提之於國民議會。其所最要者。則審判重罪。關於斯巴達人之生命者也。又有監督人民品行之權利義務云。

（三）國民議會　斯巴達王。每月最少必須以一次集會全國民。凡自由民得以其時露集於天羅達河濱之大地共議決國家大事凡與外國宣戰媾和締約及元老議員高等官吏之選舉憲法之應否修改其權皆屬於國民議會就其外觀之似全握一國之主權雖然實非也蓋此議會無權以提出各種法案惟於元老議會所已決之案或贊成或反對而已既無修正之權復無討議之權也非得政府之許可無論何人不得演說其取決也不以投票依軍隊之例舉手以示可否故國民議會實則為元老議會所操縱也年在三十以上者未經犯罪剝奪公權者皆得與選

(四)執政官 執政官號曰『埃科亞士』Ephors 譯言監督也凡五員任一年為期每歲由人民公舉之此官自昔已有後經來喀新法職掌大變權力益加主擁護國法監督國家一切公私權以維持公共之秩序檢察羣吏有賞罰之全權審判民事斷重大之訴案乃至人民日用飲食之事一切得干預之可以隨時召集元老國民兩議會提出種種法案凡國家財政外交一切最高權均歸其掌握國王每月必向『埃科亞士』以守憲法行特權自誓『埃科亞士』則代表國民而奉答曰王若不背此誓我等決不侵犯王權如是者以為常又每九年則以王之有無過舉筮諸神祇若有災異則『埃科亞士』提議使元老議會糾察王愆國中一私人皆有權訟王於『埃科亞士』『埃科亞士』有權聽其訟且得據法律停王權若干月若干年其重者或逮王而實諸理王之見『埃科亞士』例須起立當『埃科亞士』任內其權蓋無限也然所以限之者則其任期不得過一年也非五人悉畫諾不能辦理各事也要其立法之主腦在張民權而已

案古今言專制政體者必數斯巴達就此觀之可見斯巴達果非君主之專制而人民之專制也(但其所謂人民者國民中一小部分耳)質而言之則斯巴達民權之盛殆有非今日歐美諸國所能及者也夫立憲君主者過渡時代之政體

也而此之過渡直亙數千年遠溯斯巴達近洎英倫彼之所以戴此共主者其精神一也夫所謂『埃科亞士』者與英國首相以巴力門 Parliament 多數黨之領袖爲之者何以異也而英皇以神聖不可侵犯之條著諸憲法斯巴達則王可以被逮焉非英國君權强盛之徵而實其馴服之徵也

又案漢制天子爲丞相起天子爲丞相下輿亦頗與斯巴達相類

第四節　斯巴達民族之階級

凡區國民爲三階級第一級曰『斯巴忒亞泰』 Spartiatæ 第二級曰『巴里阿以概』 Perioeci 第三級曰『黑埒士』 Helots

(一)斯巴忒亞泰　卽所謂斯巴達人『德利安』族之子孫有完全之公民權者也一國官吏惟彼等得任之彼等居於斯巴達而得名田於附近黎哥尼亞之諸地使『黑埒士』耕作之而歲徵其貢租但須守二律乃得享其公權以傳諸子孫二律者卽(一)服從來喀瓦士之訓練法、(二)負擔公共食場之費用、是也（食場制度詳見下）彼等有權以名最良之田但不得增加（謂兼吞他人者以歸己）不得賣售不得贈與人借與人子孫世襲其產絕嗣則以歸諸國家歸回國家後授之誰某則王之權也惟各人於所有土地區域例附屬以兵役之義務『斯巴忒亞泰』人凡分三族族各三十部部各三十黨黨各三十戶其在本級之人本皆平等也其有不能守前二律者則降其權一等故有優等公民 Homoioi 劣等公民 Hypomeiones 之分焉然劣等公民亦可以復其權凡斯巴忒亞泰人例不自耕穡至商工業則尤其所禁也案此制酷似周禮管子其族部黨戶卽鄰里鄉鄙卒伍連正之類也凡名田者必帶兵役之義務卽鄉出兵車若干乘甲士若干人之類也民名田而不得自私卽井田貢徹之類也蓋封建制之完備者也

(二)巴里阿以槪 住居邊徼之義也黎哥尼亞州之沃壤悉歸斯巴忒亞泰人所有而『巴里阿以槪』居其周圍山地專從事開礦及工商故得此名此種人無參與斯巴達國政之權利亦無服從來喀訓練之義務有時爲重鎧兵以從軍役故兵事上之訓練亦受一二焉彼等皆自由民得任意名田而貢稅於國王雖然不得有完全之公民權不得與『斯巴忒亞泰』人通婚

(三)黑埒士 『黑埒士』者農奴也隸屬於土地而爲『斯巴忒亞泰』人服勞作者也雖然與尋常奴隸稍異不能隨意買賣惟隨土地土地之主權易人則此種人亦因而易主蓋『黑埒士』者非斯巴達人私有之奴隸實斯巴達國家之奴隸而分布之於各人之土地者耳故雖在豐年地主不得逾額以徵其貢稅凡『黑埒士』皆冠皮冠服毳衣以示別他公民戰時則攜輕兵器以從斯巴達人之後此種人本前此之土著也初時抵抗『德利安』族最力雖力屈爲奴其恨未嘗一日忘斯巴達人爲防其謀叛故行軍國主義以壓制之來喀瓦士之制度皆爲防制彼等而立耳

以上三級其位第一者有完全之公民權者也位第二者雖不有之然尙有幾分之公民資格者也位第三者無權利之奴隸也其人口多寡之比例第一級最少第二級三倍之第三級二十倍之其後『斯巴忒亞泰』人日漸減少至阿里士多德時僅餘千人後竟以此致衰亡

第五節 斯巴達之國民教育

來喀瓦士之立法其重且要者不在政體而在人民之日用飲食及其教育也蓋斯巴達之建國本滲他族而奪之地環其臥榻者皆仇讎也故非常戰常勝則不能保其主權而非身體精神皆優於所敵則亦不可以蘄戰勝來喀有察於是故取教養之權全歸於國家之手凡『斯巴忒亞泰』人之初生也先由官檢察其體格不及格者則委棄諸山中故身體稍弱之嬰兒非死則亦夷於第二第三級之列而已其意以爲凡公民者生而有護國之責任苟不堪此責任者而猶庖育之是危國之道也其及格者復以葡萄酒浴之是亦羸弱之嬰所不能受者也兒童生六年受家庭教育及至七歲則使離家以入所謂幼年隊者有特別官吏保傅指揮而受元老議會之監督焉其教育專重體育翦髮使短跣足裸體以爲游戲睡則疊蘆爲榻衣則冬夏同服食則賦以最薄之廩使游獵山林以自給補務養其耐寒暑耐飢渴之習慣其有過失則施以極嚴酷之鞭撻以驗其能受與否往往紮縛於神壇之前集其父母宗族而笞楚之雖血濺祭壇而顏色自若從未有一發呻吟之聲者蓋以流血爲榮以流淚爲恥也所以教之者使然也

案立於生存競爭優勝劣敗之世界豈惟智力之爲急抑體力亦特重也近世各國學校以體育爲第一要著雖不如斯巴達干涉之甚然其精神則不相遠矣中國以善傳種聞於天下然爲父母者率皆羸弱猶復早婚早育男女皆未成熟而生子其所生者羸弱又必加甚焉惡種相傳每下愈況人數雖多半奄奄無生氣不待敵國之蹙之而已萎黃憔悴凋瘵零落不能自存矣安得有來喀瓦士其人者起而一掃其毒也

年三十始爲成人則使之結婚得參與國民會議可被舉爲官吏雖結婚後仍不許食息於家中日則就公共食場以會食夜則入營帳以就寢其夫婦得相合幷者常不過一兩刻間耳其妻常爲男裝然後得見夫於兵營史

家布特嘗言斯巴達人往往有既舉子二三。而夫婦未嘗相見於日光之下者。非過言也。雖然。既成年者。毋許不結婚。蓋以爲結婚者對於國家之義務也。護國之要圖也。或有因人地之宜。而兄弟共娶一妻者。又既婚後若干年而不育。則國家例得使其離婚。凡此皆所以爲「斯巴忒亞泰」人種計也。自七歲以上至六十歲以下皆依此嚴格以訓練之。

斯巴達人雖在平時。一如戰時。雖在鄉里。一如臨陣。凡男子皆須會食於公共食桌。Syssitia 每桌額定十五人。有新來者。必須得全桌員之同意。乃許加入。一國人除「埃科亞士」之外。皆有會食之義務。雖國王亦不得自別異。各員每月須納一定之食物與些少之貨幣。以爲食場之費。其不納者則剝奪其 Spartiatæ 之公民權。惟國王之食費。則以國帑支辦之。在食桌時。縱談國事。頗極自由。少年子弟每從此得政治上之智識焉。

文學者斯巴達人所最蔑視也。彼以此爲武士道之蟊賊。故演說雄辯。亦斯巴達人所不喜。其發言也。惟以簡潔詞達而已。今日歐西稱此種論辯爲黎哥匿派（斯巴達所在地總名黎哥亞尼故）。雖然。彼等未嘗吐棄詩歌。荷馬之詩。斯巴達人所常諷誦者也。此外復有侑神樂歌。軍中鐃歌。日夕高吟以爲娛樂。若夫詞賦戲曲。則視爲下等社會行樂之具。無厝意者。農事則委諸「黑埒士」。工商則委之「巴里阿以概」。其斯巴達公民。專從事於武藝及田獵。其赴戰場也。服深紫之馬褂。捲勇壯之美髯。攜笛及絃鼓勇前進。其臨敵也。恰如赴宴。盛裝美飾。和樂融融。同食桌之友。相提攜以共生死焉。

案觀此而斯巴達軍隊之精神。從可見矣。彼蓋以軍事爲國民唯一之責任。以軍事爲修身唯一之目的。以軍事爲人生日用唯一行樂之具。其訓練也。自有生而已然。其團結也。自平昔之親愛。其以軍國主義雄視千古

不亦宜乎

斯巴達教育制度．不徒在男子也．而尤在婦人．其於女子也．不視爲家族之一部分．而視爲國家之一部分．故男子之尊重婦人．有非自餘各國所能及者．而婦人亦深自重．自知其責任之所在．史稱有他邦一貴族婦嘗語斯巴達王黎阿尼他之后曰『惟斯巴達婦人能支配男兒』后答曰『惟斯巴達婦人能生男兒』夫婦人亦孰不產男兒．而后之爲此言也．蓋以必如斯巴達之男兒．乃眞男兒也．又以斯巴達之男兒．無一人而非男兒也．故其婦人皆以代一國產育勇壯之國民．爲修身大事業．至如女紅烹飪之事．非其所屑意也．凡女子皆與男子同受嚴格之教育．專以踢踘角觝鬬拳各種體操術．使之相競爭．少女之體操場．使少男圜堵而觀焉．少男之體操場．使少女圜堵而觀焉．其技術之高下優劣．則互相讚美而指摘之．以是爲激勸．以是爲訓練．雖然．其男女之別肅肅如也．婦女人格之高尚純潔．舉希臘諸國．未有能斯巴達人若者也．

斯巴達婦人愛國之心最重．妻之送其夫．母之送其子以臨戰場也．輒祝之曰『願汝攜楯而歸來．不然則乘楯而歸來』有一母生八子者．蔑士尼亞之戰．悉死於國難．而斯巴達卒以大勝．及奏凱招魂．其母不濺一滴之淚．乃高聲而祝曰『斯巴達乎斯巴達乎．吾以愛汝之故生彼八人也』當時以此名語．被諸詩歌．傳爲美談．即此亦可見斯巴達婦人以愛國心激勵男子．而其所以立國之精神．亦於此可見矣．

案讀斯巴達史．而不勃然生尚武愛國之熱情者．吾必謂其無人心矣．吾嘗讀杜詩曰『爺娘妻子走相送．塵埃不見咸陽橋．牽衣頓足攔道哭．哭聲直上干雲霄』又曰『肥男有母送．瘦男獨伶仃．白水暮東流．靑山猶哭聲．莫自使眼枯．收汝淚縱橫．眼枯即見骨．天地終無情』又曰『聽婦前致詞．三男鄴城戍．一男附書至．二男新戰死存者且偷生死者長已矣』又曰『今君往死地沈痛迫中腸』讀之未嘗不嗒然氣結黯然魂傷也夫同一送子也同一死難也而此斯巴達婦人之言何其悲壯淋漓使千載下讀之猶凛凛有生氣也雖曰民賊使戰與國民自為戰其道大異乎而吾國人之弱柔巽葸為數千年歷史之辱者其果何日而始能一雪也嗚呼以二萬萬堂堂鬚眉其見地曾無一人能比斯巴達之弱女耶嗚呼

又案史記斯巴達女子愛國美談甚多錄其一二波斯之役敵帥嘗遣說客賄賂斯巴達王格黎阿迷尼王將許之王有八歲之女在側厲聲曰父王乎父王乎豈可以五十打靈（一打靈約當中國一千兩蓋當時敵將以此數賂王也）之阿堵物而易斯巴達乎王乃悚然謝來使又有波里尼亞者嘗謀反敗逃入某神廟之一室國人圍之其母憎其不忠也率衆人運石堵其門以致捕焉皆歷史上之佳話也又羅馬史中之愛國婦人亦先後輝映今擇取其一事與此相類者附記之以資觀感……紀元前四百八十八年羅馬有倭西亞之難其原因由羅馬一貴族名戈利阿拉拿者欲廢護民官為市民所逐奔倭西亞國說其王假其兵以攻羅馬殆將陷矣遣人求和於戈利使者三反不許最後乃決議遣其母及其妻子乞哀焉戈利之母服衰絰（示國哀也）率貴族閨秀百數十人往敵壘戈利雖殘暴然為天性所動一見便欲與母接吻母肅然正容却退峻詞拒之曰『為敵人耶為骨肉耶今尚未分明將軍安得近妾也』於是乃率衆人納頭三拜為羅馬請命戈利放聲大哭曰天兮母兮兒以母之故救羅馬母以羅馬之故殺其兒雖然兒知罪矣遂班師

第六節　斯巴達行政瑣紀

來喀瓦士所行善政不一端。於前節所舉之外。其最著者曰均田法。蓋來喀以前。斯巴達國情棼亂無紀。而其原因率起於財產之不均。國中土地皆歸少數富人之掌握。其餘多數無立錐地。來喀瓦士乃分斯巴達所屬之土地爲九千區。凡『斯巴忒亞泰』人人占一區焉。（來喀時代斯巴忒亞泰凡九千人）分斯巴達屬以外之黎阿尼亞土地爲三萬區。凡『巴里阿以概』人人占一區焉。無大小無貴賤。一切平等。

案近世哲學家論自由平等兩義。如狼狽之相依而不可離。然來喀瓦士之制度。其不自由千古無兩也。其平等亦千古無兩也。斯巴達之治。無一不奇。此亦其一端。

斯巴達之土地財產皆公物也。人民不有私財。故法律不禁盜竊。非惟不禁。且獎勵之。蓋將以此練其術智云。但盜竊而爲人所覺。則責其不智而嚴罰之。嘗有一少年竊一狐。隱諸懷中。至被狐抓破其臟腑。終不肯放露之使人見。泰西至今傳爲談柄。

案此等法律。眞非異邦人言思擬議之所能及。然其人重名譽尊法律之心。亦可見一斑矣。

斯巴達所行用之貨幣。皆以鐵錢。其金銀一切禁之。或曰是亦來喀瓦士所制定。或曰不然。來喀以前固未嘗一用金銀也。

懋遷居奇以求贏利者。斯巴達人所最賤也。故此等事業。一委諸『巴里阿以概』人。當時斯巴忒亞泰之所以强在此。後此斯巴忒亞泰之所以衰。亦未始不在此。

來喀瓦士爲欲保存其質樸武勇之國風也。故嚴禁內外交通之事。凡『斯巴忒亞泰』人。不許移住他地。移住者處以死刑。蓋彼之政體軍政也。移住者視之與逃營無異。亦固其所。又不惟移住而已。即游歷國外。亦非得政府之許可。不能妄行。而其游歷有大不易易者。蓋國幣之外。不許攜帶。而其國幣則鐵幣也。不能行於國外。凡攜帶金銀者。處以死刑。要之皆以限制國民之他適而已。其他國人亦非受政府之許可不得入境。逮其後也。斯巴達之諸港。無外船之帆。斯巴達之諸邑。無外客之跡。皆來喀瓦士制度之結果也。

第七節　來喀瓦士以後斯巴達之國勢

以來喀瓦士之訓練。遂能使九千之斯巴達人成爲一人。以九千之斯巴達人而制二十餘萬之低級人。以九千之斯巴達人而雄長數百萬之希臘人。以九千之斯巴達人而能統率列邦。以挫勢力滔天之波斯人。近世國家學者常言必須有二萬人以上乃可以成一國之資格。若斯巴達者。以此區區之衆而輝國民之名譽於一時。而垂歷史之光榮於萬世。嗚呼。可不謂盛耶。可不謂異耶。

當波斯王德雷亞士之再舉以伐希臘也。（紀元前四九〇）擁十餘萬之精兵。汎數百艘之戰船。先遣使風諭希臘列邦。使獻水土以納降。列邦皆望風而靡。及至斯巴達。斯巴達人則責其無禮。縶使者投之於井曰。汝欲我水土。吾今以與汝。嘻、何其壯也。以常理論之。此豈非所謂以卵禦石。以螳當車者耶。而彼毅然行之而不憚者。有所恃也。所恃者何。曰軍國民之精神是矣。

案波斯遣雅典之使者。雅典人亦投諸深溝。蓋亦針對其水土之言也。當時有敵愾之氣魄者。惟此兩國耳。其狎主希盟。蓋亦宜哉。

斯巴達之國都。不設城堡。（至紀元後四百年頃馬士德尼亞時代始設之蓋其時來喀瓦士之精神已喪失矣）惟以斯巴達人之愛國心以爲之防。古語曰。

衆志成城。其能實行之者。惟斯巴達人耳。（近世各國之無城堡不在此論蓋非以爲不必恃實以城爲不可恃而設防之具有較城爲尤優勝者耳）斯巴達人常挑戰於其敵曰『君胡不射。吾正苦炎熱。願於君等萬矢如雨之下。稍殺烈日之威。以得一酣戰。君胡不射。』此非客氣也。非大言也。蓋以斯巴達人之眼。睨其敵。無所謂衆。無所謂寡。無所謂弱。無所謂强。一與相遇。則所向無前。蓋斯巴達人之尙武。習也。而幾於性也。器械的也。而幾於理想的也。吾無以名之。名之曰武德。

當來喀瓦士時代。斯巴達之領土。不過黎哥尼亞之一小部分。恰如屯營於敵國之中央。然藉此訓練之成績。未幾遂併呑全土。（黎哥尼亞全土）其勢如旭日升天。更不可遏。復求新地於他方。於是黎哥尼亞之北。有亞爾哥士一國者。其國王富海頓。威名素著。握皮羅般尼梭半島之霸權。其後因祭典之爭。兩國開戰端。斯巴達人大破之。略其地之大半。於是始定霸於皮羅南北岸。時紀元前八百年頃也。

得隴望蜀。人情之常。斯巴達既振威於皮羅。猶以爲未足。窺其西鄰蔑士尼亞國之饒沃也。乃以疆埸民婦爭鬩事藉口開戰端。自紀元前七百四十三年至七百二十四年。凡亙二十年間。蔑士尼亞人知斯巴達之志不滅國不休也。故出死力以抵抗。而卒不能敵。遂舉國以入斯巴達之版。此後蔑人潛謀獨立。再血戰者四年。遂無成功。（紀元前六八五年）亞爾哥士亦一度謀恢復。亦爲斯巴達所敗。（紀元前五四七年）於是斯巴達遂爲南希臘最强之國。執牛耳以盟諸侯。

當時與斯巴達並起。其勢力各蒸蒸日上。爲兩平行線形者。則雅典也。雅典爲遏狄加 Attica 之首府。自梭倫、Solon 克里士的尼 Clisthenes 制定憲法。實行自由平等政體。鼓舞國民愛國精神。駸駸乎爲中希臘之主盟。兩雄相遇。其衝突安可得免。當雅典人之得志於比阿西亞也。（紀元前五六〇年）斯巴達會合同盟軍。欲問其罪。戰雲慘淡。殆將破裂。忽有波斯人來侵之警。鬩牆之爭立解。同仇之念旋興。遂各捐私嫌。組織大同盟以拒強敵。時雅典以海軍著。斯巴達以陸軍名。兩者勢力不相上下。然以令出兩途。兵家所忌。乃推斯巴達為盟主。海陸總督之權悉歸其手。此雖由雅典能讓之美德。而斯巴達人浴來喀瓦士之遺澤。實力震於殊俗。亦可概見矣。是役也。波斯人於撒拉迷士、布拉的亞、迷茄兒諸地三戰三北。自茲以往。不能復引兵而西。斯巴達國勢之盛。至是達於極點。

案讀此可以見當時希臘人公益之心矣。對於內而甲團與乙團之爭。寸毫不肯讓。一旦異種大敵起。則忽棄小忿。握手同胞。文明國民不當如是耶。使希臘而能永保持此精神也。則希臘雖至今存可也。末葉不悟。自相攜貳以取滅亡。悲夫。

第八節　斯巴達之缺點

凡天下事倚於一偏走於極端者。其所成就之結果。必較尋常為加良。而其所受之流弊。亦較尋常為加劇。於議論有然。於制度亦有然。故斯巴達之缺點。不可以不論。

(第一)重體力而輕智力。　德育智育體育三者。為教育上缺一不可之物。彼斯巴達人自有斯巴達之道德。今勿深論。至其蔑視智育太過。則立法人有不得辭其咎者。彼恐文學為武事之累也。雖然。卽以武事而論。非有達觀之智識。則其武功亦不可終。不觀夫紀元前四百七十九年。馬德尼亞人率波斯以陷雅典之役乎。斯巴達人背盟約而不相救。惟握哥靈士海峽以求自固吾圉。彼非畏敵也。實其闇於大局。昧於戰略使然也。而斯巴達自茲以後。遂不振矣。此不過其現象之一端偶然表見者。實則其受病早自數百年以來。而末流特承其敝而已。

(第二)務內治而忌外通。人之不能以區區一小羣而孤立於世界也勢也。羣與羣相通。則能吸取他羣之智識之力量以自利其羣。而斯巴達忌之如蛇蝎焉。我雖不往終不能禁人之不來。況我正欲有所大往。而烏可以不利用人之小來哉。斯巴達人自造出一種特別人格於天地之間。高自位置而不欲易種於茲邑。志固可嘉。而無奈其終不逃於天演之公理。故後此與雅典相遇。而終不能不爲之下也。

(第三)善保守而乏變通。來喀瓦士之制度。治來喀時代之斯巴達而利賴無窮。然來喀所以立此制者。有其目的所在。目的既達。斯百尺竿頭。當進一步矣。而斯巴達不然。則徒法之弊也。不法法固不可以治國。法不法尤不可以治國。來喀之制所以法法也。數百年後而來喀之法已成不法矣。彼英國之能以『法治國』爲一世師也。爲有法乎。抑有更存於法之外者乎。英國以『不文憲法』高視闊步於世界。蓋所重者法之精神。非法之機械也。而斯巴達則機械焉者也。彼斯巴達數百年之歷史。實來喀瓦士一人之傳記而已。舍來喀則無斯巴達。來喀不可復生。而斯巴達遂長此終古。吾聞來喀之功成身退也。誡國民曰。非待吾歸勿改斯法。吾甚惜夫來喀之往而不返也。

以上三者。其弊同源。當波治的亞之役之起也。(紀元前四三二年)皮羅般尼梭諸邦迫斯巴達人使開聯邦總會於其都城。哥靈士之總代人起席而責之曰。『雅典人果斷敏捷。天然具改革家之資格。而卿等(指斯巴達人)反之。惟務保守既得之事物。遂至其應盡之責任。必不可缺之事業。棄而不爲。雅典人有學識以佐其膽略。雖至危險之事業。毅然赴之。處非常之逆境。無所於撓。而卿等反之。以尺寸之事業自畫。遭遇艱鉅。失望落膽。不知所爲。雅典人決不退轉。卿等決不前進。雅典人常欲馳域外之觀。卿等惟知有閫內之略。雅典人常思以新運動得新利益。卿等常恐以新運動失舊利益』云云。此實可爲當時斯巴達人當頭一棒之言也。夫斯巴達人昔時之意氣。何以雄傑如彼。今也何以銷沈如此。毋亦世運進地位進。而羣治之實力不能與之俱進。故優勝劣敗之公例。終不可逃。而九跳十擲之乳虎。遂不免於蹶傖而無從復振也。雖然此豈來略瓦士之罪哉。

結論

新史氏曰。吾讀斯巴達史。怪其以不滿千里之地。不盈萬人之族。而赫赫然留絕大之名譽於歷史上。至今二千餘歲。論政體者必舉之。論教育者必舉之。論軍事者必舉之。髫齔之子。入學校則必呫嗶其詩歌而記誦其實錄。何其榮也。吾更不解乎有人民四千萬倍於斯巴達。土地二千萬倍於斯巴達之一國。而乃不列於公法。不儕於人道。演說家引爲腐敗之例證。報紙上借爲笑談之詞柄。舉數千年來上下古今之歷史。無此奇醜殊辱。斯巴達處四面楚歌之裏。而日闢百里之國者。則並臥榻而不能保也。斯巴達當十數倍敵軍壓境之際。敢毅然戮其來使。之國者則如客子之常畏人也。嗚呼。人之度量相越。乃至是耶。是不能言其所以然。吾惟讀斯巴達史。而若有物焉怦怦而來襲余心。使吾噓。使吾汗。使吾驚。使吾慄。使吾笑。使吾啼。吾不知果何祥歟。

新史氏又曰。吾聞之前世紀之哲學家曰。政府者爲人民而立者也。人民者非爲政府而生者也。吾心醉其言。而竊不解乎反於此公理之斯巴達。何以能立國於天地。何以能垂名於歷史。吾今乃讀夫所謂帝國主義者所自出之學說。吾今乃知斯巴達之魂魄。歷二千餘年後。從冢中起而復生於今日。而徧生於大地。吾又聞之先史氏曰。使斯巴達而能兼吸雅典之所長以自營衞。則全希臘將入於斯巴達。全歐洲將入於斯巴達。顧吾竊睨夫耽耽逐逐於吾旁者。爲斯巴達還魂者若干國。爲雅典還魂者若干國。數十年前。尙猶斯巴達自斯巴達雅典自雅典。今則斯巴達無一不雅典。雅典亦無一不斯巴達。一雅典足以亡我。而奈何雅典無量也。一斯巴達足以亡我。而奈何斯巴達無量也。僅雅典足以亡我。而奈何其雅典而斯巴達也。僅斯巴達足以亡我。而奈何其斯巴達而雅典也。斯巴達而雅典。雅典而斯巴達者。徧滿於大地。於是乎不斯巴達不雅典者。遂無所容。吾昨夜無寐而夢何夢。夢毀黑龔。吾不知果何祥歟。

飲冰室專集

雅典小史

發端

新史氏曰國無大小要在其國民所以用之者何如耳今日言世界史者必嘖嘖道希臘希臘之地不足以當吾一小省也言希臘史者必嘖嘖道雅典斯巴達雅典斯巴達之地舉不足以當吾一大縣也斯巴達當來喀瓦士時代其有完全公民權者不過九千人雅典當克里士典尼時代其有完全公民權者不過萬六七千人以視吾一大鄉鎮猶相懸絕也而令數千年讀史者無論言政治言法律言教育言軍事言生計言學術言技藝皆不得不鼻之以爲祖嚮之以爲鵠而令數千年讀史者心目中懸一偌大之雅典偌大之斯巴達一若其廣土衆民與今日之英俄德美相等者然而豈知其版圖不過我古代一侯封其戶口不過我古代一師團也（萬二千五百人爲師）嗚呼果持何術而能致此

雅典與斯巴達反對之兩極端也斯巴達主干涉雅典主自由斯巴達重階級雅典重平等斯巴達善保守雅典善改進斯巴達右武雅典右文斯巴達貴刻苦雅典貴樂利此其大較也顧猶有當注意者二事一曰斯巴達驟强而雅典漸進也二曰斯巴達之建國專賴一豪傑之力而雅典之建國則由民族全體運動力使然也斯雅二

邦優劣得失之林在是焉矣

史家常言古代希臘者今世歐洲之縮本也吾以爲古代希臘之雅典又今世歐洲之英國之縮本也其爲海國也相類其以商務致富强也相類其思想發達也相類其民以自由爲性命也相類其由專制政治進爲貴族政治由貴族政治進爲完全之人民政治也相類其進之以漸也相類雅典之視英國殆所謂具體而微者也雅典立國之精神歷數千年繼續不斷以傳至今日雖其間或稍銷歇要不過如黃河之有伏流蓄其潛勢力於歷史之紙背及其一出積石則千里一曲沛然莫之能禦也十九世紀正雅典文明出伏流之時代也豈惟英國卽今日世界上諸有名譽之國皆移植雅典之花以自莊嚴者也作雅典小史

第一節　雅典立國起原

希臘四大族其最强武者爲德利安族其最文明者爲埃阿尼安族(參觀斯巴達小志第一節)彼則以斯巴達爲代表此則以雅典爲代表也雅典覇於遏狄加 Attica 遏狄加者中希臘偏東之一洲而突出東海之一半島也有大山脈障其後與大陸相隔斷全州濱海海灣多而水深適於碇泊其平原開擴延亙於海面交通最便而雅典實爲遏狄加之首府初立國於高丘其古城下距海平六百英尺城下市街下距海平三百英尺丘上平坦東西袤一千英尺南北廣五百英尺爾後戶口日繁始廣布於丘下之平原

太古之事不可深考據其神話(希臘人最尊鬼神歷史名荷馬以前爲神話時代)則西曆紀元前一千七百九十五年有阿啓基者始治遏狄加逮紀元前一五五〇年有啓克立布者始爲王劃遏狄加州爲十二國各有酋長其五代孫西士亞者始

法律。益高其息率。務使負債之人民。無力負擔。因以籍沒其產。奴隸其人。兼併盛行。中產之家。不能自活。束縛日甚。自由殆漸滅亡。

雖然。埃阿尼亞之人民。最愛自由者也。必非能忍此而終古者也。於是紀元前六百二十一年。競爭之潮。達於極點。其山谷黨激昂已甚。亟欲行破壞手段以達改革之目的。其海濱黨稍持溫和主義。欲以正義要求貴族。使之承諾。至其敵愾之精神。則兩者相均。先是雅典之法律。皆不文之法律也。（不文者謂未嘗著之竹帛制為定本者也如英國之憲法即所謂不文憲法也）人民概無所知。一任貴族之上下其手。以故民益無所依賴。無所控訴。至是彼兩黨所以要求於平原黨者。其第一事曰『當先使我輩知法律之為何物』平原黨財力雖厚。至其人數實不逮彼等遠甚也。故不得不有所憚。於是舉「阿康」中之一人名德拉康者。使之制定法律。後世所稱『德氏律』是也。德拉康非草制新律。而編纂舊律也。採集前代野蠻殘酷之制。而引申發明之。自德氏律布。而人民之無告益甚。史家某嘗言德拉康之法律。非以墨書者。而以血書者也。其刻薄寡恩。可想見矣。雖然。法律之公布與否。實為人民權利之第一關頭。德氏律雖不足道。然自有此舉。而人民得有所憑藉以為競權之的。實開梭倫立法之先河。而雅典政治。自茲一進步矣。

案法律公布。實為保護國民權利之最要著。能得良法律者上也。即不能。猶勝於無法而任暴君汙吏之意也。蓋法律既已公布。則無論治人者與治於人者。皆不得不同受治於法律之下。孟子曰『夫舜惡得而禁之。夫有所受之也。』即其義也。（我國民間俗諺有二語云天子犯法庶民同罪此語實含至理惜乎吾國未嘗勒定一君民共守之法律如何而謂之法如何而謂之犯其界說漠然不分明故此言不過一空言耳）故泰西國民之爭權利者。必以求得一公布之法律為起點。希臘羅馬之前事。莫不皆然矣。（羅馬自立十二銅表

自餘六阿康 統名的士摩的 Thesmothetai 立法者之義也雖然其職權非主制定法律而實專任司法之事凡爭訟之案不屬於前三人者則由此六人決之

第四節 平民與貴族之爭

前此政權之變遷由世襲而選舉由永任而限期由獨裁而合議皆貴族之力為之也至是遂為貴族共和制所謂「歐巴特列士」Eupatrids 即雅典貴族之名第一章所謂貴族四族皆以此為總稱 者握一國主權其餘人民憔悴更甚於昔蓋昔者君主雖以無責任之神權臨民然獨夫之勢力終不敵多數故其施政尚往往公平順民所欲及貴族政治興全注重一階級之利益且恃其團體無所忌憚行政司法之權皆在彼輩自餘人民學識寡淺不知法律一任其所左右人民多陷於農奴之地位受地於貴族而代之耕舉債以自給債不能償則自鬻其身及其妻孥以為人役至是階級之間懸隔益甚平民之憾貴族深入骨髓革命之機日急一日

案貴族舉債於民而龍其利古代萬國所同也戰國策稱孟嘗君使馮諼持券往薛索逋皆此類也

當時遏狄加之人民因其土地自然之結果其職業大別為三種（第一）居於山谷者其地產少其牧場乏故其民瘠貧稱為山谷黨（第二）居於海濱者從事造船航海製鹽漁魚諸業其生計稍裕稱為海濱黨（第三）居於平原者遏狄加全州之利益皆在平原其附近多海灣諸島橫接於海岸農業商利皆集於是而貴族實龍斷其間焉稱為平原黨三黨之利害苦樂既已懸殊而古代法律所以保護債主權利者特重債權者得沒收債務之財產子女及其本身 債權者謂有索債之權利者也即債主也債務者謂有償債之義務者也即負債人也此二語為日本法律上之名詞今以其確切故采用之 平原黨利用此

之王。不徒握政治權也。實爲一國之祭司長。而主宗教之事。蓋地球上無論何國。其原始時代。莫不皆然。（案中國亦然孟子曰使之主祭而百神享之其餘見於傳記者指不勝屈）蓋以王爲神裔。而其位爲天授。此實擁護王政之甲冑也。雅典之廢王不置。非直變更其名號而已。實決破神權專制之護符。故哥特子孫任『阿康』職者。雖實際與從前君主無異。然已失『神聖不可侵犯』之資格。後此民政基礎。實開於是。哥特之子米頓爲第一代『阿康』官。其後世及者十三代。等是君權也。而昔也無限。今也有限。昔也無責任。今也對於議會（貴族議會）而不得不負責任。貴族之權。日昌一日矣。紀元前七百五十二年。遂改終身在職之制。定「阿康」之任期以十年爲一任。然猶限米頓之子孫方得就職。如是者復經四任。至紀元前七百十四年。始改定一切貴族皆得有任「阿康」之權利。同六百八十三年。復大變革。改任期十年爲一年。改「阿康」一人爲九人。公任庶職。同稱「阿康」。蓋由世襲君主制一變爲終身「阿康」制。由終身制一變爲十年制。再變爲一年制。遂至爲九人合議制。至是而王權之跡始熄。雅典之有正史。實起於此時。今將九「阿康」之名稱職權略述之。

第一阿康　稱「阿康伊坡尼瑪」Archon Eponymos　蓋用其人之名以爲年號。故得此名。（希臘各國皆以君主之名爲年號）其職權爲阿康會議之議長。代表國家威嚴。判決族制爭訟。

第二阿康　稱「阿康巴士利亞」Archon Basileus　蓋行古代王者之職權。爲一國之祭司長。凡關於宗教及殺人罪之爭訟。由其判決。

第三阿康　稱「阿康坡里瑪加」Archon Polemarchos　掌軍政。爲一國元帥。凡本國人與外國人之爭訟。由其判決。

統一十二國名曰雅典而諸市邑之貴族悉爲雅典之貴族西士亞復分民爲三階級一曰貴族二曰農民三曰工匠凡貴族皆埃阿尼亞人也而其中復分四族此等族制至克里士典尼改革時代歸然尚存

第二節　王政之廢止

當德利安人移住之際（西曆紀元前千一百年頃）埃阿尼安人之居皮羅般尼梭半島者皆被逐而遁入遏狄加有米蘭沙士者遂爲遏狄加王其子哥特拉士卽雅典最後之王也相傳當時斯巴達人侵雅典師將出先祈於神神託言曰若不殺雅典王則戰必利斯軍壓境國垂破矣王哥特拉士聞敵人之受此神託也乃微服夜入敵軍斯巴達人不知其王也殺之翊晨視其鎧中印識審爲雅王則大駭氣沮謂拂神意將遭顯罰遂班師而雅典獲安雅人追念王之爲國家流血也謂此後嗣王亮無能追其盛德者不足以瀆茲大位遂廢王號 Kingly Rule 而置所謂「阿康」Archon 者以爲一國之元首「阿康」者執政官之義也是爲雅典王政廢絕之始

案哥特拉士之盛德史家或謂爲齊東野語信否未能確定要之希臘各國當時皆厭君主專制之政而貴族權力日漸增長雖微此盛德之王而雅典王政亦當漸就衰滅矣但得此則益增其國史之名譽耳

第三節　由一人政體進爲寡人政體

雅典王號雖廢然猶沿家族國體 The Family State 之舊習未能遽變故其王權之消滅則以漸進哥特拉士殉國後而『阿康』之職乃由子孫世襲終身在職其主權所在未嘗有變也雖然其精神固異於昔時矣曩昔

（頒行法律後民政乃立國日以强）近世各國之流血以爭憲法亦推此意而光大之者也故英國有「大憲章」「權利法典」等而立憲之基礎以成匈加利有「金牛憲章」而自治之根芽不滅推原其始皆由治於人者與治人者爭權限而經千辛萬苦以得之者也而今日歐美國民所以日進者實皆賴是矣吾國周禮言懸法象魏使民讀之左傳鄭子產答晉韓起語亦言國君有與商人立約事蓋春秋以前其法律尚時或有與民同之之意焉洎後世專制政體日益進化馴至一朝律例不許民間窺誦則非直君權無限並吏權亦無限矣

第五節　大哲梭倫之出現

德拉康之新法既不能宜民亂機益磅礴勢將破裂不可終日於是有救時之大豪傑出焉曰梭倫 Solon 梭倫者賢王哥特拉士之苗裔而雅典之名門也生西曆紀元前六百三十八年正全國黨爭萌芽之時也稍長家中落因從事商業徧歷埃及及亞細亞諸地覽其文明大有所心得好為詩歌長於哲學歸國後以撒拉迷士島之役立戰功（撒拉迷士島者本雅典屬地後為米加拉邦所略取雅典人屢與爭不能恢復敵愾之念漸銷失至設禁令謂有言用兵此島者處以死刑梭倫以此島為遏狄加第一海港其得失為雅典命脈所關乃自作詩佯狂行歌於市中謂與其為失地蒙垢之雅典人不如為希臘一僻邑之民於是人心大感動解除此禁卒使梭倫為大將征撒島而恢復之紀元前六百年頃之事也）名譽益高梭倫見國中商業日興中等社會勃起因知夫前此貴族獨握政權之制之不可以久也以為非調和階級之爭不足以致治慨然有以此事為己任之志屢游說貴族間使漸感悟至德氏律發布後三十年即紀元前五百九十四年貧民之情狀實不堪命貴族若不讓步則恐有梟雄乘之以行僭主之制危機迫於一髮於是乃公舉梭倫為第一「阿康」畀以全權使為國家制定改革方案人民咸歡迎之各黨派顒顒屬望梭倫乃得大行其志自是雅典開

一新天地。

案各國改革之業。其主動力者恆在中等社會。蓋上等社會之人。皆憑藉舊弊以爲衣食。其反對於改革。勢使然矣。下等社會之人。其學識乏。其資財乏。其閱歷乏。往往輕躁以取敗。一敗矣。卽不能復振。故惟中等社會爲一國進步之機鍵焉。梭倫之能成大業。亦由洞悉時勢。而順應此原動力使然也。中等社會者何。則宦而未達者。學而未仕者。商而致小康者。皆是已。

朝鮮亡國史略

章臺柳。章臺柳。昔日依依今在否。縱使長條似舊時。也應攀折他人手。吾以中日戰爭前之朝鮮與中日戰爭後之朝鮮比較。吾更以中日戰爭後之朝鮮與日俄戰爭後之朝鮮比較。而不禁淚涔涔其盈睫也。今者朝鮮已矣。自今以往。世界上不復有朝鮮之歷史。惟有日本藩屬一部分之歷史。記曰。喪禮哀戚之至也。君子念始之者也。今以三千年之古國。一旦溘然長往。與彼有親屬之關係者。於其飾終之故實。可以無記乎。嗚呼。以此思哀。哀可知耳。

第一期　朝鮮爲中日兩國之朝鮮

吾讀李文忠外交函牘。見其二十年前與朝鮮王之交涉。於其詞氣。於其稱謂間。穆然想見上國之位置之威信。嗚呼。此如潯陽江頭琵琶婦向人絮絮道其鈿頭銀篦血色羅裙時代之聲價。吾今羞言之。且不復忍言之。吾今惟舉中國始失保護朝鮮之資格託始焉。則光緒十一年中日所訂天津條約其濫觴也。約文云

　嗣後朝鮮有事。中國當發兵前往。先咨照日本。日本派兵前往。亦必咨照中國。

此等語句。自國際法理論之。朝鮮既成爲中日兩國共同保護之國明甚也。甲午之役。遂以朝鮮之爲藩屬爲自

主一問題。至兩國以干戈相見。今補述其戰前之交涉如下。

（中國公使汪第一次照會日本外部）　我朝素宏字小之仁。斷難漠視藩服之難。

（日本外部陸奥第一次照覆）　本大臣查貴國雖指朝鮮為藩服。然朝鮮王從未自承為屬於貴國。

（總理衙門第一次照覆日使小村）　查我朝以朝鮮王申請救護。業已派兵前赴該國。此係按照撫綏藩屬之例。不容稍有延緩。

（日使小村第二次照會總署）　本國歷來未認朝鮮為貴國之藩屬。此次派兵前往。一係按照日朝兩國在濟物浦所訂之約。一係按照中日兩國在天津所訂之約。妥慎辦理。

（日本外部第二次照會中使汪）　亂事既定。所有朝鮮內政。亟應代為修整。兩國擬各簡命數大臣前往朝鮮。同心稽察各弊。其分應整頓。俾朝鮮日起有功者。如國庫出納款項。如遴選大小官吏。如募練彈壓內亂陸兵等皆是。

（中國公使汪第二次照覆）　但其內治作何整頓之處。應任朝鮮王自為之。即我中國亦不願干預。至貴國既認朝鮮為自主之國。豈能干預其內政。其意不辨自明。

（日本外部第三次照覆中使汪）　查朝鮮王常蓄陰謀。致釀禍亂。大為敝國之害。乃其自主之力。又屬太薄。不足以膺重任。其關係於敝國者。不特通商一端而已。地之相去甚近。又有干涉遠方之處。敝國萬難坐視。（中略）且妨敝國之榮名。是以決計代為設法。以保太平之局。

由此觀之。朝鮮對於中日兩國地位之變更。略可覩耳。中國以不明國際法上對於屬國之權利。許朝鮮以與外國締結條約之權。授日本以口實。且使中日一役。日本大得列强之同情。所謂合九州鐵鑄一大錯也。天津條約。純使朝鮮立於中日公同保護之地位。開戰前之交涉。全以此問題爲爭點。及兩國公同干涉內政之議不諧。日本已悍然露獨占之勢。觀最後兩次之照會。其肺肝如見也。更述當時兩國宣戰之詔勅。

（中國宣戰書） 朝鮮爲我大淸藩屬二百餘年。歲修職貢。爲中外所共知。（中略）乃倭人無故派兵。突入漢城。嗣又增兵萬餘。迫令朝鮮更改國政。種種要挾。難以理喻。我朝撫綏藩服。其國內政事。向令自理。日本與朝鮮立約。係屬與國。更無以重兵欺壓。强令革政之理。（下略）

（日本宣戰書） （前略）緬惟高麗爲獨立之邦。而與各國結約通商。實由我日本勸導之也。然而淸國恆稱高麗爲藩邦。干涉其內政。（中略）茲按高麗獨立之地位。原係日本維持之方。各國條約所公認。淸國非但謀損高麗之地位。兼且置條約於不顧。（下略）

此藩屬與獨立之一問題。以口舌不能解決。而至求解決於干戈。自開戰以後。而朝鮮與中國。恩斷義絕矣。甲午七月二十六日。卽開戰後未及一月。日本駐韓公使與朝鮮外部大臣。締結所謂日韓協約者。

（第一款） 本約之設。專爲維持朝鮮之獨立。日朝之利益。淸兵在朝者。宜逐出境外。

是朝鮮與中國斷絕關係之始。然其第三款猶云。中日休兵後。此約作廢。則其地位猶未確立也。及馬關條約第一款云。

中國確認朝鮮爲完全無缺獨立自主之國。凡前此貢獻等典禮。損害其獨立自主之實者。全廢之。

朝鮮王旋布告誓廟文。其第一條云。

割斷依附清國之思想。確建自主獨立之基礎。
中日和約既定以後。中國遂派徐壽朋爲駐紮朝鮮公使。純立於平等國之地位。而韓王亦進而皇帝矣。自茲以往。遂入於第二期。

第二期　朝鮮爲日俄兩國之朝鮮

中日媾和以後。漢城咫尺之地。遂爲日俄外交競爭之燒點。於是韓廷有俄日兩黨。日黨擁大院君以清君側而戕閔妃。（光緒廿一年西曆十月八日）俄黨旋奪門挾韓皇及世子幽於俄使館。（廿二年西曆二月十一日）廿二年西曆五月十四日駐韓日使小村與俄使威爾拔。遂爲日俄協商之約。

（第二條）日俄兩國代表者。當隨時忠告韓皇。使以寬大待其臣民。

（第三條）日本以保護電線之故。得置二百名以內之憲兵於韓境。

（第四條）有事變之時。日本得在韓京置兵二中隊。在元山置一中隊。俄國亦得置衞兵保護外交官。惟所置不得過日本之人數。

因此條約。日俄兩國在朝鮮之地位。恰如天津條約時代（光緒十一年）中日兩國在朝鮮之地位。其後日本山縣有朋以賀加冕使。俄與俄外部大臣魯巴諾甫更申協約。

（第一條）日俄兩國政府。以救濟朝鮮困難之目的。當勸告朝鮮政府省一切冗費。且保其歲出入之平衡。若從事改革而須募外債。則兩國政府合意救助之。

（第二條）　朝鮮若不爲財政上及經濟上所困。得以本國人組織軍隊及警察而維持之。使至於不藉外援而能保國內之秩序。則兩國政府皆勿干涉之。

（第三條）　日俄兩國皆得設電線於朝鮮。

自茲以往。俄人益運陰謀於韓廷。以聘用教習聘用顧問兩問題。幾舉全韓勢力胥入俄手。（此等現象凡一年有奇其事實頗繁今避冗不備徵）於是日俄幾決裂。卒以光緒廿四年西曆四月廿五日。日本外部與俄使羅善爲第二次之協商。

（第一條）　日俄兩政府確認韓國之主權及其完全獨立。且相約於其內政不爲直接干涉。

（第二條）　若韓國將來有向日俄兩國求助之時。凡練兵教官及財務顧問官之任命。苟非經日俄兩政府先行互相商妥不得以一國擅處置。

自茲約後。俄國在朝鮮之勢力稍被限制。而日本勢力。駸駸益盛。不數年。遂入於第三期矣。

第三期　朝鮮爲日本之朝鮮

一　預備時代

日本處心積慮以謀朝鮮者。既數十年。其第一著。則謀離朝鮮於中國。其策源在天津條約。其收果在中日戰爭。其第二著。則謀併朝鮮於日本。其策源在日英同盟。其收果在日俄戰爭。吾觀於此而歎日人外交之略。至遠且大。至敏且鷙也。日英同盟約文第一條云。

兩締約國互相承認中國及朝鮮之獨立。當聲明於此兩國。全然不爲侵略的趨向所制。然據兩締約國之特別利益。（中略）在日本則以於中國既有之利益以外。又於朝鮮有政治上及商業工業上之特別利益。若此等利益被損害。不得不干涉之時。兩締約國爲自衞起見得執行必要不可缺之處置。

自此同盟成立日本乃益有後援。以揮手段於韓半島矣。其約文中聲明日本在朝鮮有政治上之特別利益。蓋朝鮮爲日本人之朝鮮。既已經英國之默許。所謂維持其獨立者特表面上一空談耳。自去夏以來。遂因滿洲問題。釀成日俄之役。然其爭點。不徒在滿洲而更在朝鮮也。（俄人所最重者在滿洲日人所尤重者在朝鮮）當時日本政論家有倡滿韓交換之議者。雖其目的不免局縮未見採行。然日人之重視朝鮮不惜犧牲他種利益以易之可概見矣。今將日俄戰前交涉往復文書摘其關於朝鮮者譯要如下。

（第一號日本外部致其駐俄公使）　使俄國駐據韓國之方面。則韓國之獨立。必爲之頻被侵迫。即不然。亦必至使俄國在韓半島占最優之勢矣。夫韓國原爲我國防禦線最緊要之前哨。故於其獨立爲我國之康寧及安全計實最爲必要者。且我國在韓國所有政治上及商工業上之利益與勢力實卓絕於他國。而此利益與勢力。我國爲自己安固起見。斷不肯交付於他國或分與於他國者也。（下略）

日本對韓政略之方針。略具於是。其舉全韓以置於日本勢力範圍下之野心直揭之不自諱也。於是日本政府提出協商案。尚以滿韓交換爲一手段。今記其原文如下。

（第三號日本政府提出協商案）　（第一條）相約尊重清韓兩帝國之獨立及領土保全。（第二條）俄國當承認日本在韓國之優勢利益。日本則承認俄國在滿洲經營鐵道之特殊利益。（第三條）日本在韓國俄國在滿洲之商業的及工業的活動之發達。相約不爲阻礙。（第四條）日本之於韓國俄之於滿洲。遇爲自衞起見必要之時。可以派遣軍隊（第五條）爲韓國改革或行善政。而與以助言及援助（應於必要且得爲軍事上之援助）者屬於日本之專權。俄國當承認之。

由此觀之。日本之視朝鮮。更重於其視滿洲也章章然矣。使其時俄政府能慨諾此協商。則此次戰役可以潛消於樽俎間也。而乃遷延復遷延。齟齬復齟齬。其後俄國卒欲以滿洲問題置於日俄協商範圍之外。蓋俄人亦深察夫日之視韓尤重於滿也。顧日人所以不得不始終斷斷爭之者。則以滿不保而强俄鼾睡於韓榻之側。坐是而韓亦遂非日所能有也。故其爭滿問題。凡以爲韓問題也。觀其宣戰書此意甚明。

（日本宣戰書）（前略）我帝國之以保全韓國爲重也。非一日之故矣。此不徒因兩國累世之關係而已。韓國之存亡。實帝國安危所攸關也。然彼俄國者。雖嘗與淸國有明約。且對於列國爲累次之宣言。然猶占據滿洲。益鞏固其地步。終欲併呑之。若滿洲歸俄。則韓國之保全無由支持。極東之平和不可復望。（下略）

此日俄開戰之眞原因也。其所爭者在滿洲。而所以爭滿洲者。仍在朝鮮也。自日俄戰開。而朝鮮爲日本保護國之地位遂定。

日俄以陽曆二月八日始交綏。以十日互宣戰。十一日俄國駐韓公使巴布羅福。遂下旗出境。俄韓之國交。隨俄日之國交同時斷絕。其與中日戰役時。袁世凱之由韓撤歸。絕相類也。二十三日日本駐韓公使林權助與韓外部訂立所謂日韓議定書者。與中日戰役時之日韓協約。又絕相類也。今譯其議定書之要點如下。

（第一條） 日韓兩帝國因欲保持恆久不易之親交。確立東洋之平和。自後韓國政府當確信日本政府。

凡其關於政治上之改革有所忠告皆聽從之。

（第三條）日本政府於韓國之獨立及其領土保全為確實之保障。

（第四條）韓國若遇第三國之侵害或遇內亂日本政府可執行臨機必要之措置而韓政府對於日政府之行動許以完全便宜行事之權（日本政府因欲達此項之目的凡軍略上必要之地點皆得臨機收用）

此議定書既發布英國倫敦泰晤士報從而論之曰『朝鮮以此條約之故遂永為日本之附庸今後朝鮮之在日本其猶埃及之在我英也其權能同其效力同其性質亦同質而言之則朝鮮之獨立形式上之獨立也日本所謂忠告權實蒙一薄紙之命令權也』可謂知言光緒十一年以來之朝鮮問題至是遂揭曉開戰之初數月日本政府全副精力悉注於軍事上其於干涉朝鮮內政蓋未遑也至近兩月乃始入於實行時代

（附言）著者之述本論原為有感於近兩月來日本在朝鮮之舉動欲詳記之以為吾國龜鑑但非詳敍前此之經歷則無以見其處心積慮之漸故不辭陳沓特補敍之實則所注重者全在實行時代

二　實行時代

日俄開戰後數月日本之在朝鮮除軍事外未有特別之舉動韓人坦然安之而日本國中輿論頗有以對韓政略之遲緩責備政府者至最近兩月而霹靂手段遂迭見

長森案　長森案亦名韓國荒蕪地開墾問題蓋日人長森藤吉氏以私人之資格欲壟斷朝鮮全國荒蕪地以

從事開墾也。其契約之要點如下。

(一)韓國內府所屬土地及官業民業土地未經開墾者。悉歸長森氏集資本從事開墾。

(二)長森氏開墾以上之土地而改良之以後種植牧畜漁獵等有利事業。悉歸長森氏全權辦理。且有完全使用之權。

(三)開辦五年不納租稅。五年以後。若所經營事業既有利。則與現在已開闢之土地納同率之稅於朝鮮政府。(但遇天災地變水旱之類收穫不足則其租稅或減或免)

(四)本約由所經營各部分已經完成之後起算凡五十年爲滿期滿期之後商議再續。

此等契約吾無以評之若欲强評者則如漢武之語田蚡曰君何不遂取武庫而已。而日本政府乃爲之代表將全案提出於韓廷。而韓廷怵於其勢亦殆將應之實陽曆　月　日也。是爲日本實行日韓議定書所得權利之第一著。

韓人之激昂及其運動　此案既提出於韓廷。舉國譁然。於是朴箕陽李宗說等首倡異議。聯合縉紳士夫抗疏爭之。以宗濩李乾夏首署其疏略曰。

(前略)韓國地形山多野少。環海三千里。山澤居三之二。凡此山澤皆荒蕪地也。今乃一舉而割國土三分之二予諸外人。天下可駭之事孰有過此。(中略)且以日本人言之。二十年來號稱扶我國家之獨立。證我領土之保全。今茲憤强俄之侵略。動全國之師團以爭之。其以信義自暴於東洋非一日也。今以義始而以利終。名實相悖。情僞互眩。臣等以爲此殆不過起於一二商民私利之見。在日本政府之老成謀國者。未必弁髦信義至於如是也。今若束手聽從。則割肉飼虎。肉有盡時。而虎無饜期。臣等誠不忍見祖宗之疆土日蹙。不忍與賣國之徒同立於陛下之本朝也云云。

其言慷慨激昂。聲淚俱下。韓廷亦大有所感悟。而諸人者又非徒抗疏而已。一面傳檄四方。激動全國公憤。一面倡立所謂農礦會社者。以相抵制。以宮內省大臣朴陽圭。尙禮院卿金相煥。中樞院副議長李道宰等爲首領。號稱集資本一千萬元。分爲二十萬股。每股五十元。其股東惟朝鮮人乃得充之。其經營事業之第一著。卽從事於荒蕪地之開墾。而全國荒地之先占權。皆歸該會社所獨有。此其手段與吾湘人創礦務總公司以圖挽將失之礦權者。何其相類也。韓人以是爲抵禦外力之不二法門也。官紳倡之。政府贊之。雖然以韓人之能力與其資力。豈能組織此龐大之會社者。當其會社章程之發布也。日人譁然笑之曰。是滑稽的政策也。是俳優之舉動也。果也倡之月餘。所集資本不能及千分之一。不旋踵而解散。

然自是以往。排日之運動大起。漢城西門外鐘路天洞一帶。日日集會。處處演說。以培方學堂漢語學校兩處生徒爲中心點。於是有所謂保安會。獨立協會。與國協會。一心會等。所至號召會員。切齒裂眦。喘汗奔走。其他有散在全國之負褓商者。出沒於平安咸鏡兩道。或切電線。或毀鐵道。或以日本軍情諜洩於俄國。而種種舉動。實韓廷有力諸大臣陰主之。在日本各報。則目之曰亂暴之徒也。陰險之輩也。以旁觀公平之眼論之。使韓人並此區區之敵愾心而無之也。則禽畜之不如也。雖然。此區區之敵愾心。其終必無救於亡。韓又稍達時局者所能預斷也。

日人專制政治之發端　此長森案之交涉。韓廷一面拒絕韓之人民。復一面運動反對日本。則一面使其公使威逼要求。一面使其駐紮軍隊實行軍事警察。委其司令官原口氏以全權。使處置韓境內回復秩序之事。其手段如下。

(一)捕縛會黨首領。 保安會長元世性等三名又負褓商首領吉泳洙內官姜錫鎬先後被逮

(二)禁止集會自由。 以妨害治安名義一切新立之會皆被解散不許人在韓京聚集演說

(三)束縛出版自由。 韓人所發行之皇城新聞帝國新聞皆須呈日本警官檢閱後乃得發行

以脆薄弱柳之韓人。當此嚴霜烈日之處置。不轉瞬間。而其指天畫地慭跳狂擲之氣象。全歇滅矣。嗚呼。無能力以盾其後。則客氣之不足恃也如此。嗚呼。

此案之結局　自長森案提出以來。韓國朝野上下皆激烈抵抗。而日本輿論。亦大不直其政府。不直之者。非謂其對韓手段。失於嚴厲也。一則長森氏之在本國。本非知名士。以此不足輕重之私人。畀以全韓土地之大權。謂其政府之輕重失當也。一則以對韓政策大綱未立。諸事曾未一著手。而以此區區者。害韓人之感情。謂其政府之先後失宜也。於是政府幾度商議。乃於實際上撤回長森案。於名義上改為無期限之延期。而別提出所謂韓國內政改革案者。以為此權利之代償。自茲以往。而朝鮮乃眞為日本人之朝鮮矣。

內政改革案　陽曆八月十二日。日本駐韓公使林權助謁見韓皇。將改革案提出。未幾遂畫諾。今將原案全文譯出。次乃略評之。

(一)韓國因欲整理財政。特於度支部內設財政監督。聘日本人目賀田種太郎氏充之。

(二)因整理財政之故。日本許貸與款項於韓國。其第一期貸款三百萬圓。

(三)略

(四)將韓國舊有之典圜局廢去。別爲白銅貨幣之處置。以確立幣制。

(五)結日韓幣制同盟。凡日本政府所鑄造之貨幣及鈔幣在韓國一律通行。

(六)特設中央銀行。司理徵收租稅及其他公金各事務。

(七)略

(八)因向來外交事務辦理失宜。故特設外部顧問。永由日本政府推薦。而現薦美國人田尼遜氏充之。

(九)韓廷將所有一切外交事務。及保護海外韓人之事務。皆託諸日本政府。俟此約實施後。卽將前此派出駐箚各國之公使領事。盡行召還。

(十)韓國召還各國公使之時。各國派來駐韓公使亦同時撤退。惟留外國領事駐紮境內。

(十一)因欲整理財政之故。將韓國軍備縮小。以節糜費。前此全國二萬之兵額。當減爲一千內外。除守備京城之外。各地方兵丁。一切撤退。

(十二)結日韓兵器同盟。整理現在之軍器。

(十三)整肅宮禁。除君側之惡。禁巫女卜祝。凡一切雜輩。不許出入宮廷。

(十四至二十三)略

(二十四)除現定度支外交兩顧問官外。不復置總顧問官。前此所聘外國顧問皆黜免。

(二十五)略

右二十五條則日本公使提出於韓廷改革案之內容也其後經屢次協議雖稍有修改然大體皆經許諾至二十二日先行發布三條則其一爲原案第一條設財政顧問（原提議名爲監督後經磋磨改稱顧問云）之事其二爲原案第八條設外交顧問之事其三乃另加特詳者文曰

韓國政府若欲與外國人締結條約及其他重要之外交案件如對於外國人許與特權等事一切皆須先經日本政府協議

同日又別訂一約云

前此各國公使謁見韓皇例須經外部請於宮內省待其指定時日乃許召見自今以往因內政改革之故韓皇之下問於日本公使者與日使之忠告於韓皇者皆當甚多特廢此例除捧呈國書仍循故事外其餘不拘何時得以任意入謁

合觀以上諸約則韓之爲韓從可知矣國家行政機關最要者三事曰財政權曰軍政權曰外交權三者亡則國非其國也今改革案之第一著即以設財政監督爲綱領厥後雖改稱顧問猶朝四暮三之長技也其充此顧問者曰目賀田氏其人曾任大藏省主稅局長者十數年日本第一流財政家也今遷此職日本之輿論皆爲得人慶也其中央銀行握全國貨幣之權約中雖未明言辦理細章然必在日本人支配之下豈待論也今以彼中道路所傳說或謂將使「日本銀行」開支店以充之或謂以韓京現有之「第一銀行」支店充之（第一銀行者日本民立諸大銀行之一也現有支店在韓京此次戰事發行軍用鈔幣等皆經其手）雖或未必然然即以韓國皇室之名義新創立其支配權亦豈復韓人所能過問也至其借款之約或謂是即英國之所以待埃及顧吾猶以爲不類也何則埃及以借款而失財政權朝鮮

則既失財政權而後借款然則日人今後之借款與韓其猶前此之借款與臺灣行政廳也（日人得臺灣後極力經營凡十年間皆由東京政府特別借款與臺灣政廳蓋臺灣政廳頗有半獨立的性質其豫算決算皆不與中央政府混也至今年而臺灣不必資助矣）至如貨幣同盟名則同盟實則主屬不俟論也朝鮮今後之財政權有如此者吾儕驟覩其外交顧問之條約見所聘者爲一美國人吾滋惑焉謂日人乃肯割其權利之一部分讓諸他國咄咄怪事也徐乃知田尼遜其人者在華盛頓之日本公使館數十年（約如科士達之在中國公使館而關係之深切尤過之）美人其名而日人其實也顧日本本國之外交家固自不乏而必假美籍之田尼遜爲傀儡者其深意殆別有所存非吾人之所能測也抑此外交顧問者不過在漢城耳自今以往朝鮮外交之主動不復在漢城而在東京之霞關也（日本外務省所在地）故區區顧問非其所最注意者也夫寧不見公布協約之第三條將締結條約之權盡收攬於日本政府乎而漢城所餘者更何有也朝鮮與列國不復互派公使而列國派駐朝鮮者惟餘領事也是國際法上保護國之地位則然吾昔者斷斷自號曰「朝鮮爲大淸藩屬二百餘年」而顧聽其自與外國立約今請觀他人之所以待其保護者果何若也（此次之西藏一如前者朝鮮之覆轍矣噫）朝鮮今後之外交權有如此者普之初敗於法也法人限其常備兵額今者日本限制朝鮮之兵由二萬而減至一千使朝鮮永無死灰復然之望也雖然即使韓人有兵二萬其亦何能爲日本於此未免過慮也或曰彼所重者固不在是彼誠見夫糜費之無謂以整理財政之目的故省之非有他念吾蓋亦信之也朝鮮今後之軍政權有如此者三權既去然則朝鮮政府所餘者能幾乎吾以爲含伴食外眞無有也甚乃宮禁之事君側之惡而亦干預及之嗚呼三十年來箕子之血食其遂已矣夫其遂已矣夫吾今乃知夫扶助云保全云者其結果乃如是也

兩月以來日本輿論研究對韓政略者更僕難數就中柴四郎氏（進步黨一名士著佳人奇遇者也）新著一論名曰「韓國之將

來」登諸本月太陽報中。綜羣說而徧評之。其所舉者得九說。

甲　韓皇半面論。（主仍扶持朝鮮之獨立者也）

乙　日韓大帝國合併論。（略如奧匈之雙立君主國云）

丙　顧問政治論。（派一總顧問官其餘各省及各地方皆派顧問）

丁　保護國論。

戊　韓國永久中立論。（使之如瑞士如比利時云）

己　總督政治論。（謂收之爲郡縣如琉球臺灣故事）

庚　放棄政治獲取實業論

辛　韓皇讓位論

壬　亡命客利用論

柴氏原著凡二萬餘言。臚舉此諸說者之論據。而疏通證明之。日本之輿論。略具於是矣。今避繁不復博引。要之日之視韓。從可知也。而現在所實行者。則丁說也。亦實日本今後對韓政略之不二法門也。

嗟夫嗟夫。風景不殊。舉目有河山之異。昔人所歎。今乃見之。吾於三年前。曾著滅國新法論一篇。於近百年來已墟之社。遍弔陳跡。而追想其馴致之由。未嘗不汗浹背而涕交頤也。今朝鮮又殤一個矣。昔人詩云。日出狐狸眠冢上。夜歸兒女笑燈前。吾恐吾之哀朝鮮。其又將見哀於朝鮮耳。嗟夫。

飲冰室專集

越南小志

一 地志

越南在亞洲中央。東北與我兩粵雲南三省毗連。西與老撾爲鄰。東接東京灣。地勢西北多山嶺。沿海多平陸。形若長蛇。南北贏而西東絀。截長補短。計面積二十四萬五千餘方里。人口約二千萬。土地沃饒。物產繁庶。尤富於五金礦。實亞洲一舊國也。當法人占領以前。其地分北圻南圻兩大部。北圻卽今法人所號爲東京Tonkin屬者。凡十六省。

北圻凡十六省
- 沿東京灣七省
  - 萬寧
  - 河內
  - 海東
  - 寧平
  - 南定
  - 乂安
  - 河靖
- 隣我國四省
  - 廣安
  - 諒山
  - 高平
  - 宣光

- 中部五省
  - 太原
  - 北寧
  - 清華
  - 山西
  - 興安

南圻卽今法人所稱安南 Annam 屬及交趾 Cochin-China 屬者。凡十五省。

- 南圻凡十五省
  - 今安南屬九省
    - 廣平
    - 廣德
    - 廣義
    - 富安
    - 廣治
    - 廣南
    - 歸仁
    - 衙莊
    - 平順
  - 今交趾屬六省
    - 邊和
    - 嘉定
    - 定祥
    - 昭萬
    - 永隆
    - 河仙

自昔一切制度皆仿我國。其省幅員不廣。僅抵我一二縣。然大省猶置府五六。小省亦二三。府有數縣。縣有數村。村亦置社及鄉。省有督撫藩臬。府縣皆有知事。郡村社鄉皆有長。此舊制也。

全國爲一大連山二大平原所組織而成。二大平原者。一爲紅河及其支流之灌域。二爲眉公河及其支流之灌域。二平原之間。則所謂連山幹脈。發於雲南及圖伯特地界。劃紅河眉公河之中心。兩河皆發原雲南。紅河尤爲我國歷史上通越之孔道。（唐咸通間雲南南詔王往來於東京河內府皆由紅河明永樂二年成祖征安南時分軍爲二大將張輔將第一軍自廣西入東京大將沐晟將第二軍自雲南經紅河入東眉公則為越境最大河。與緬甸暹羅為界。近年英法兩國協議定為永久中立地域者也。

二　建國沿革及與我國交涉

越南通中國最早。堯典已有宅南交之文。周成王時。越裳氏重九譯來獻白雉。即其地也。秦時闢地極遠。收之置日南交趾林邑象郡等郡。秦末海內鼎沸。南海尉趙佗擁衆自帝。國號南越。實兼王其地。漢武平南越。分其地為儋耳珠厓南海蒼梧鬱林合浦交趾日南九眞凡九郡。置交州刺史領之。交趾日南九眞即今越南也。而刺史駐廣州轄屬焉。後漢改稱交州。黃巾之亂。士大夫多避地往焉。六朝復稱交趾郡。唐武德中改交州總管府。至德中改安南都護府。即安南所由得名也。自唐以前世內屬為郡縣。與腹地等。五代時土宇分崩。祖國皆為藩鎮所割據。安南邊徼紛擾逾甚。有楊廷藝紹洪等迭自署為交趾節度使。後廷藝以牙將丁公著攝驩州刺史。公著死。子部領繼之。盪平羣寇。部民德焉。乃推為交州帥。號曰大勝王。時宋藝祖奪國於孤寡之手。偷安無遠略。以玉斧畫天南界曰。此外非我所有。安望越南為哉。於是越南始離中國而獨立。彼中所號為丁先皇者。即公著之孫部領之子丁璉其人也。

自建國以迄滅亡。凡一千餘年。丁李陳黎莫阮六七姓。篡弒頻仍。殆無寧歲。卒以內訌之故。舉太阿授人以致滅亡。今略紀其沿革。

一丁朝　丁氏自公著起。再傳至其孫璉。值宋太祖平嶺表。遣使貢方物。乃封為交趾郡王。越人所號為先皇者是也。璉卒。弟璿襲位。大將黎桓擅權。丁朝亡。

二前黎朝　黎桓擅政久。宋眞宗卽位。封爲南平王。凡三傳而李氏簒之。

三李朝　李公蘊卽越人所稱李太祖者也。初爲黎朝大校。卒簒其國。宋眞宗因封爲交趾郡王。實大中祥符三年也。再傳至孫日尊（彼號聖宗）始僭帝號。國稱大越。五傳至李天祚（彼號高宗）當宋孝宗時。封爲安南國王。我之命越爲國自茲始。凡八傳二百二十餘年。至寧宗時亡。

四陳朝　陳朝初祖曰陳日煚。李氏八傳至李昊。昊無子。日煚爲其壻。遂簒嗣。宋理宗景定三年。表請襲封。從之。終胡元之世。安南皆爲陳氏。有七傳至陳日煃。當明太祖時。復四傳而國相黎季犛簒之。

五後黎朝　明惠帝建文間。季犛大弑陳氏宗族而自立。更姓名爲胡一元。自稱舜裔胡公後。僭國號大虞。成祖永樂四年。命大兵討之。五年。詔夷其國爲郡縣。凡用兵十餘年。卒反覆不可得定。宣宗宣德二年。乃罷交趾布政使司。六年。命季犛子利權署安南國事。英宗正統元年。封黎麟爲安南國王。自是黎氏爲越王正統。至清乾隆間始絕。

六莫朝　明世宗嘉靖間。越相莫登庸迫黎廣禪讓。簒其國。黎氏子孫走保清華。自是越分東西。神宗萬曆間。廣孫維潭以清華兵攻克莫氏復國。而莫子孫猶據高平。終明之世。兩姓並峙。莫能統一。清順治十六年。定雲南。黎維禔遣使至軍。康熙五年。詔封維禔爲安南國王。而莫元淸尙在高平。亦受都統使印。互搆兵不相下。吳三桂之叛。維禔復乘間攻取高平。於是安南盡歸黎氏。莫朝亡。

七阮朝　嘉靖中黎維潭之復國也。其臣鄭檢阮口實左右之。自是鄭阮世爲左右輔政。後鄭氏專國。出阮於順化。號廣南王。由是鄭阮世仇。乾隆五十二年。阮惠以廣南兵攻國都。黎王維祁出亡。詔兩廣總督孫士毅帥兵討之功垂成。忽為阮氏所襲。大潰。以福康安代之。時阮氏方與暹羅搆兵。懼暹乘其後。遂乞降。五十五年。封阮光平（名惠改）為安南國王。

八舊阮朝　黎氏之亡。其甥耐農王阮福映者。奔暹羅。藉暹力克復耐農。勢日强。號舊阮。屢與新阮戰。奪其富春舊部。嘉慶七年。遂盡滅新阮。全有安南地。自稱為黎氏復仇。獻表乞復舊名。為越南國。即越南最後之王朝。今守府擁虛號者。其子孫也。

三　與法國之交涉

法之覬越久矣。其派遣傳教師。殆自二百年以前。迨一七三〇年。（康熙五十九年）法兵艦俄羅地號泊交趾。士官三人登陸。至平順省。士人羣集縛而獻之於王。艦長與在交之傳教師商以重金贖歸。此為法越交涉之嚆矢。

一七四九年。（乾隆十四年）法王路易十五命皮易甫亞孛爾者為全權大臣。至順化府謀通商。阮王不許。

一七五三年。（乾隆十八年）越人大窘戮天主教徒。多逃至印度。

一七八六年。（乾隆五十一年）越內亂。阮文岳自稱王。阮光平使其子景叡詣法國乞援。翊年。遂訂法越同盟之約。割崑崙島之茶麟港於法。實為法人經營越南最初之根據地。未幾寒盟。不實行割讓。

一八二〇年。（嘉慶廿五年）越王以詔書命殺法人狄亞氏。以法艦來測量海口。國人激昂攘夷說盛行故也。（編者案日本以美艦測量海口之刺激而成維新之業。越南以法艦測量海口之刺激而召滅亡之禍。其故可思。）

一八四七年。（道光二十七年）法人以兵艦至茶麟港。大敗越軍。

一八六二年（同治元年）法帝拿破崙第三以海軍大舉伐安南奪茶麟港約割下交趾邊和嘉定定祥三省開三通商口岸償金二千萬佛郎以講自是法人在越之根據定嘉定省卽西貢所在今越南第一都會也

一八六七年（同治六年）法人更割取下交趾南部之三省自是下交趾六省悉隸法版

一八七四年（同治十三年）更訂所謂西貢條約者今摘舉要點

（第二款）法國大皇帝（案一八七四年法國已改爲共和國此文大皇帝云云者據日本人曾根氏所著法越交兵記原文想屬當時譯者之誤）嗣後以越南國王係操自主之權並不遵服何國越南若有內患外寇國王一有請援之舉法國立卽隨機相助（下略）

（第三款）越南已約法國爲之保護如此後越南與各外國交通則須合法國之意事乃可行（中略）今後越南與他國立盟互市則須預行照會法國

（第五款）越南國王現在所割界於法國者其所轄治之地卽嘉定邊和定祥永隆安江河仙六省其界東臨海毗連平順省西臨暹羅灣南枕南海北接柬埔寨均歸法國管理獨操自有之權（下略）

（第十一款）越南國因欲便於各國通商互市故特開平定省施耐汛海陽省寧海汛並該汛上泝哈尼河一帶以達大清國雲南邊境凡一應外國商船可以隨意往來（下略）

此條約凡二十二款此其最關緊要者也第二款冒頭認越南爲自主國一語是還其門面歐人待東方諸國之慣技也其下文解釋已含保護國之性質其第三款則將保護法宣言無憚矣其第五款則下交趾純然割讓又異於他地也其第十一款則與我雲南有關法人之汲汲經營越南其最後之目的實在我國也故今詳舉之其餘關於賠款開港傳教交犯等以僅屬於一時之事項故略之

西貢條約既成。越人舉國上下。莫不憤悔。至一八八二年。光緒九年適劉永福率游勇入安南。將以之爲根據地。越人乃利用之。欲以驅法人於境外。紅河航路爲梗。全境騷然。法人乃以兵直陷河內。噩耗達順化政府。國王乃頒明詔。使黑旗軍拒法兵。我政府一面使公使曾紀澤牒責法國。而北京法公使布黎氏亦抗辯不相下。李鴻章力主平和。提出協商案四款。布黎氏亦提出協商案三款。正相持未決。而法國政府忽大更迭。拉克爾氏爲外務大臣。拉氏者著名之侵略家也。一意堅持兩協商案皆置不理。且免黜布黎氏。一面增兵以略安南。遂陷南定海陽山西。直逼順化府。越人不支。爲城下盟。卒以一八八三年結條約二十八條。所謂哈爾曼條約是也。語其內容。則

(一) 安南公然自認爲法蘭西保護國。

(二) 割讓平順省。

(三) 法國設兵備於安南各要隘。且於紅河沿岸設哨所。

(四) 順化府即越京及其他大小都府。法國皆設官駐劄。

(五) 下列各件。皆受駐劄官之監督。

(甲)諸大市之警察。

(乙)稅務。

(丙)自平順省北境以迄東京。一切官吏及東京城內大小官吏。

(六) 下列各件。法國駐劄官全權執行之。

(甲)外交事務。

(乙)稅關事務.

(丙)內外交涉之司法事務.

(七) 增開三港爲通商口岸.

(八) 開西貢河內間之道路且架設電線.

自此條約成越南始全然永在法國羈軛之下.

一八八四年(光緒十年)復結順化條約十九條不過取哈爾曼條約而修加之確定之耳今不多述.

自哈爾曼條約發表我國人心大激昂主戰之論朝野囂然於是有馬江之役我當局者既著著失敗而法國政府亦生紛亂閣員大更迭外務大臣拉克爾以憂憤死法亦厭兵於是乃與我結天津條約其第二條聲明法國與安南從前所結條約及將來所結條約中國一切承認之於是中國舉千年來主屬之關係一切放棄安南遂以正式再隸於法蘭西矣.

四 法國之越南

法人自得越南後設印度支那總督以統治之其總督權力所及之地域如下.

(一)領　地	交趾(Cochin-China)	一八五九年占領
	東京(Tonkin)	一八八四年占領
(二)保護地	安南(Annam)	一八八六年盟約

東埔寨(Cambodia)　一八六三年盟約

老撾(Laos)　一八九三年盟約

(三)勢力地　比索省及米克利省大湖西沿岸地方(Bassak, Meluprey, Bien Ho)一九〇二年占領

(附言)我廣州灣硇州島割讓於法國以後亦歸其印度支那總督所轄.今以不關越事不詳述.

今舉法領越南分爲五大部列其統計.

(一)交趾.

面積　二萬二千方英里.　行政區域二十一州.

人口　二百九十六萬八千五百二十九人.

人種　安南人.　東埔寨人.　中國人.　苗人.　占人.　印度人.　馬來人.　達加拉人.

宗教　佛教百六十八萬八千二百七十人.　羅馬教七萬三千人.

兵備　法兵三千五百三十六人.　南兵二千六百六十七人.

(二)東京.　一名北圻

面積　四萬六千四百方英里.　行政區域十四州.

人口　南人約七百萬人.　中國人約三萬三千人.

宗教　羅馬教四十萬人.　餘未詳.

兵備　法兵八千人.　南兵一萬四千人.

(三)安南。

面積　五萬二千百方英里。

人口　六百十二萬四千人。(中國人約四千)

宗教　羅馬教四十二萬人。餘未詳。

兵備　法兵六百人。餘未詳。

(四)柬埔寨國。　古名眞臘國

面積　三萬七千四百方英里。　行政區域五十七州。

人口　百十萬三千人。

(五)老撾國。　古名羅越國

面積　九萬八千方英里。　行政區域十五區。

人口　六十萬五千人。

大抵法人勢力最張之地爲交趾方面西貢所在地也。法人盤踞已半世紀矣。其次爲東京方面河內所在地。千九百二年。印度支那總督府由西貢移河北。其所以經營之者至矣。其安南內地及柬埔寨老撾。則羈縻而已。然既在外控其咽喉。則彼三方面者實釜底游魂也。其內政諸慘狀。詳巢南子所述。茲不復贅。

五　法國越南政略與中國之關係

法國前宰相阿黎安公爵嘗宣言於議院云『我國以欲通道支那之故不得不占領東京』此實法國百年來之一大計畫也四十年前法人初據交趾建西貢爲首都西貢在湄公河口當全越之南端距中國較遠控制頗不便故進次東京以爲策源彼略有東京既二十餘年而三年前移首都於河內實政略之一大進步也一八九七年印度支那總督德瑪 Doumer 氏要求越之守府君主令廢東京河內布政使司而以法國政廳代之一九○二年一月一日遂舉西貢之總督府遷焉其時法人已得租借權於我廣州灣因更大開海防港以爲犄角勢海防港者河內附近控臨東京灣之一重鎭也海防河內間相距六十英里鐵道既成四點鐘可達更由河內經北寧諒山至廣西境上關隘之文煙 Dong-dang 鐵路七點鐘可達由河內泝紅河以至雲南之思茅蒙自亦甚便利又海道自海防起行至欽州之北海瓊州之海口及新租借之廣州灣皆一日可達由海防至香港澳門皆四十點鐘可達由海防南航至安南王所居順化府城一日半可達至舊都西貢四日可達阿郎灣之烘崖 Hon-gai 東亞著名產煤地也由海防北航亦數點鐘可達由烘崖運煤至廣州灣亦一日可達一二年後文煙龍州太平南寧廉州北海之鐵道成其延長線橫貫廉州半島海陸勢力集合於一點則其視廣西全省及廣東之南部眞懷中物也故曰法人遷都於河內實世界一大事也

四十年前鐵路之用未廣故狡焉思侵略者惟注重航路西貢條約（一八七四年法越條約）第十一款汲汲以得紅河航行權爲務凡以窺雲南也然法國海軍大佐拉克里氏曾以三年間泝航湄公河欲以上雲南將河流之實相細細調查知其上游不適於航運其後法商德姚甫氏卡爾尼埃氏亦曾兩次探險於紅河欲以進雲南知其不能容大船且沿河萑苻甚多動生障礙於是不能不別圖進取之道適乘十九二十兩世紀嬗代之際列强皆以鐵路

政略。為侵略之不二法門。於是法人亦集全力以注於此一點。

一八九七年。（光緒二十三年）總督德瑪氏初就任。即發表鐵路經略策。蓋緣英人方擬築緬甸雲南鐵路。受此刺激。而急起直追以相競爭也。乃緬甸鐵道發議雖早而進行甚遲。近且有中止之勢。而法人越南鐵路。反以一日千里之勢汲汲進步。今將一八九七年印度支那總督府所決議之鐵路計畫詳記如下。

（一）安南縱貫鐵道。

起點	西貢	Saigon
主驛	歸仁	Kwinhon
	順化	Hue
	清華	Thanh-hoa
	寧平	Ninh-Binh
終點	河內	Hanoi

（二）海防河內鐵道。

起點	海防港	Haiphong
終點	河內府	Hanoi
延長線	老開	Lao-kai
	蒙自	Mongtse
	雲南府	Yunnanfu

（三）老撾安南中央鐵道。

起點	安南　廣治	Kwang-tri

(四)老撾安南南部鐵道。 終點 湄公沿岸 沙威尼克 Savan-nakhek

起點 歸仁 Kwinhon

(五)西貢南旺鐵道。 終點 遏特普 Attopeu

起點 西貢 Saigon

終點 南旺 Pnompenh

右五線總里數 一千九百八十七英里

布設工費總額 一萬六千萬圓（每英里約七千七百二十九圓）

翌年爲一八九八年九月十四日印度支那政府因時局急迫更決議將安南全境鐵道。及入中國鐵道。更加工趕修。以下列諸線爲尤急。

(一)河內老開線。 全線百七十六英里限一九○四年落成

(二)老開蒙自雲南府線。 全線二百三十英里據最近電報已於本年一九○五年六月全線落成

(三)河內南定乂定線。 全線二百○二英里限一九○二年落成

(四)茶麟順化廣治線。 全線百○八英里一九○一年落成

(五)西貢慶和線。 全線四百○四英里現在布設工事中

(六)德美永隆線。 布設計中

(七)海防河內線。 現已成

(八)河內諒山文煙線。全線百〇三英里現已成此線直通廣西鎭南關

(九)西貢德美線。現已成

以上八線路當一八九八年。以法律發布之。前總督發鐵道公債八千萬元。既爲政府所認許。現工事著著進步。已成者十之八九矣。

其侵入中國之鐵路。已預定測量者如下。

(一)廣州灣……高州……梧州線由梧州接西江航路且延長於廣州

(二)廣州灣……遂溪……鬱林線至鬱林府接續第三線

(三)文煙……龍州……南寧……鬱林……梧州線

(四)南寧……柳州……桂林……衡州……長沙……漢口線至漢口與盧漢線接續

(五)雲南……敍州……成都……重慶線一九〇〇年測量完成

其規模之遠大。計畫之精密。眞令人羨煞。令人嚇煞。近年以比利時爲傀儡。而攘我粤漢鐵路。又屢迫政府。欲自行敷設川漢鐵路。皆此計畫之一貫也。老開雲南之鐵路既成。雲南已爲法之俎上肉。蓋長已矣。此後進取以圖中原。封豕長蛇之勢。且未有艾。我國及今不圖。數年之後。羽翼已就。橫絕四海。則我舍束手待斃之外。更何冀哉。

更何冀哉。

飲冰室專集

越南亡國史

發端

痛莫痛於無國痛莫痛於以無國之人而談國事吾欲草此文吾淚盡血枯幾不能道一字飲冰室主人曰嘻吾與子同病爾且法人在越種種苛狀擧世界無知者子爲我言之我爲子播之或亦可以喚起世界輿論於萬一彼美人放奴之擧著書者之力也俄士戰爭亦報紙爲之推波助瀾也子如無意於越南前途則已苟猶有意則布之爲宜抑吾猶有私請者我國今如抱火厝積薪下而寢其上猶擧國酣嬉若無事語以危亡之故藐藐聽之而已吾子試爲言越亡前事或我國大多數人聞而自惕因蹶然起有復見天日之一日則豈惟我國賴之貴國亦將賴之余感其言因抆淚以著是篇

一　越南亡國原因及事實

越南在漢唐以前本交趾一部與林邑占城同爲榛狉未開之人族秦趙尉佗時漢馬伏波時漸成一小小部落迨宋以後交阯英雄丁璿（丁先皇）李公藴（李太祖）等繼起篳路藍縷開拓漸大已全有珠崖象郡文郎越裳等各部漸

成一國。至元時有陳國峻陳光啓。越之人傑也。與韃人戰。劉元將唆都。虜元太子烏馬兒捕送燕京。時有詩云。

奪槊章陽渡。　擒胡鹹子關。

太平當致力。　萬古舊江山。

其時人才。人人思進步。事事求進步。故國勢日强。黎朝時戰退明兵。又收占城國之半。併有林邑全壤。前阮光中君。又極英雄。攻敗暹羅。殺退洋艦。英威偉烈。實令人心心口口欽仰。至今朝阮氏建國。國初人才。實能極力求進步。遂全有占城。又得富貴眞臘地。今西貢 又西撫高蠻萬象。西北極哀牢鎭寧樂丸。南極崑崙島。北夾兩廣雲南。爲一全越南國。其時越南國比唐時以前交阯部成五六倍之大。若使越南人君臣常思進步。務益民智。務長人才。國計兵謀。事事求進步。豈非烈火得鉅柴。炎炎赫赫。光焰亙天耶。人亦有言。器滿則傾。越人彼時自顧已滿。擁金睥睨。井蛙無天。文恬武熙。日甚一日。其間積腐政敎。事事模倣明淸。文人以陳編兎守俗學鴉塗自矜得志。武人以旗鼓美觀。棍拳兒戲。自謂無前。其最可鄙者。抑制民權。徇狗輿論。凡國家謀議。民黨從旁咨嗟而已。孟子有云。國必自伐。然後人伐之。於是有數萬洋里外。于于而來之佛蘭西國。有人呼爲大法 佛蘭西於百年前。遣其敎徒來西貢河仙等處。乞講道。是爲嘉隆初年。是時法人已有窺覦越南之志。因見越南君臣輯睦。政敎無缺。又國中虛實未詳。如何敢動。馴至嗣德初年。見越南的是野蠻政敎。民權日削。公論不伸。知是越南垂亡時候。遂遣法敎徒問越南政府。陳乞通商。又大集商船於西貢。而以兵船出其不意。潛入沱灢。在廣南爲越南扼要海口 攻沱灢三年。不能下。引去。自法人之失意於沱灢也。蓄憤潛謀。眈視更甚。是爲法人取越南之濫觴。

越南若及是時大修兵政。大振民權。君臣上下。勵精圖治。深求外洋之智學。洗刷積腐之規模。迨天之未陰雨。徹彼桑士綢繆牖戶國猶可爲也。

乃越南朦朧雙睡眼痿痹一病軀尊君黨抑民權崇虛文賤武士盜賊窺伺於庭妻兒酣歌於室主人擁被臥牀。時時作一欠伸嗚呼危乎岌岌哉

果也負且乘致寇至嗣德十五年法人以重兵厚集於西貢要越南講盟越國君以欽差大臣往會越大臣奉國章如西貢法人以兵劫盟使紀盟詞曰越南國君臣順情願大法國保護乞以六省爲讓地嘉定邊和寶祥永隆安江河僊押國章訖又定約章有越南既願大法國保護不得更與他外國交涉一條是爲法人取越南之嚆矢

其時三十省全轄未動兵財充裕苟奉命講和之人有膽氣有機略但依通商講道前約諤諤與爭亦未至權利盡失最可恨者當時潘清簡林維義爲欽差大臣二人羊豚其肝狐鼠其技一見法人便戰戰慄慄汗出如雨倘法人要將其父母獻其供宰彼亦恭恭敬敬雙手獻之何況六省

此六省者人民勁悍財粟豐饒西貢粟米輸出海口海國皆利之實越南天府也法人經營其地已有四五十年之久至此時始出很毒手段越南堂奧爲之閴然嘉定蓨芹海口爲越南第一深廣海口歐洲海船入越南非此不達是自西洋來之關鎖

其時有鄉進士阮勳武舉人阮忠直鄉團戶張定張白舉義兵與法人抗累數百戰然以軍械不及法尋敗全家被戮墳墓一空

阮勳最烈起兵時三爲法人所擒再脫於獄再聚義臨刑時有句云『縱死已驚胡虜魄不降甘斷將軍頭』終不屈死法人梟其尸投之海

嗣德三十五年取東京河內城城臣黃耀以血書遺表自縊表有云「何忠義之敢言懼事勢之必至城亡莫救多慚北圻都人士於生前身死何裨願從先臣阮知方於地下」前法兵既襲東京壯烈伯阮知方父子殉難時以休官在家起義殉難者爲按察海陽北寧解元阮高聚黨千餘謀復省城爲法所擒以手刀自剖其腹不卽死復自斷其舌而死有義人輓以詩云「誓心天地流腸赤切齒江山吐舌紅」

高既死法猶以不得殺割爲恨也斷其首梟之未幾諸省相繼淪陷甲申建福元年法兵入順京海口劫越南以淸國封王璽章繳還淸朝淸國以越南讓法實在是年嗟乎數千百年受封之榮不足以償一朝還璽之辱也枯楊生花何可久也老婦得其士夫亦可醜也越南之謂哉

乙酉年法兵攻京城咸宜帝奔乂安省詔四方勤王而輔政大臣阮福說赴廣東求粵督達懇淸廷乞援法人知之向淸廷阻其事且問越南人來意淸政府憚法遂安置越南人於韶州

法兵掠乂安奪咸宜駕徙之巴黎城尋以帝有謀歸國之志徙之南斐洲阿爾熱城禁南人往來絕音問

越南地勢險要人兵勁捷可戰法人非容易可取緣嗣德時有姦臣陳踐誠阮文祥當國此二人者俱虎狠面目狐猾肝腸文祥比踐誠更甚善於逢迎掩飾深得主上心嘗蓄篡奪之志因國政內腐法虜外窺知法勢彊盛遂借外交手段脅制朝廷以陰行己志多以重賂結法人約爲法人奧援彼爲機密院大臣每有機密輒先洩於法法人亦以重賂餌之凡交通英德等事皆爲祥所敗露國中又有太后范氏愚而貪爲嗣德翼宗之生母干預朝政翼宗事事稟求母后乃行阮文祥卽以法人所餌之重賂結母后心昏嬖姦賊表裏弄權顚倒國政陷害正人君子或則橫被刀斧或則黜削歸里順京失守時文祥實引法兵入城阮福說出兵迎敵使人向祥乞濟師祥却

爲法營通信絶彈藥弗給城遂陷法得國祥自以爲功謀求封王法人惡其反側恐留之爲後患徙之海溺其屍以空鐵棺回令祥子孫出十萬金以贖法人之狡獪如此然引虎入室爲虎所噬彼假虎威以逞者胡不以祥賊爲鑒哉

小人當國朝廷空虛京城亡時勤王詔下應詔死事者不是邊郡左遷便是江湖閒散無權無位之君子手無寸鐵之豪傑一旦義憤感激視死如歸除西貢淪沒已久繩束太嚴無可與法爲梗外南北兩圻諸省以至山邊海徼漢族淸蠻無處不有揭竿斬木與法人捐生久者幾二十年近者亦一二載有與法人慂戰死者有爲法人拿捕以死者有爲法人招誘不屈而死者有陽爲法臣陰結義黨爲法人所覺而死者有憤極塡胸自尋死法而死者可惜幾千年江山精氣所鍾毓之英人傑士遭世不造蘭薰玉焚俱化作南海怒潮而去寃哉痛哉言念及此爲之酸鼻爲之痛心爲之撫膺大慟欲言不忍言欲不言又不忍不言嗟乎海河淸晏則廟堂之上庸夫高枕而飽餐天地塵氛則鋒矢之場壯士捐軀而呑恨使此數千百義人壯士得於國未亡時居之廟堂布之州郡國其能亡乎晴天不肯走直待雨淋頭是誰爲之是誰爲之此數千百泉下義人壯士其有知耶其無知耶必不樂其以國破君亡賣吾一身忠烈之名也哀哉痛哉有國者其可使國人偏有忠烈之名哉

二 國亡時志士小傳

阮碧 南定人舉二甲進士法人取興安碧爲巡撫攖城死戰城陷棄妻子入山結義士北圻全轄義人皆隸麾下二年餘屢與法戰適勤王詔下遂奉詔如粵援淸兵黃廷經李子才等謀復宣諒與法戰死碧家南走去諒山

十餘日程法人謂死信詐也逮捕全家時碧母已七十矣幽之坡室（法人獄名）累年不得解碧所居程浦社以碧故法人幽其豪役沒其產欲多方淩轢以得碧之出也一人盡忠全鄉蹂躪文明之流毒甚矣哉

武有利　南定人舉進士南定城失守利以督學棄官歸（法人初取越國攻一城下一府縣有即投降者依舊官銜而奴隸之）與其友杜輝僚陰圖收復未發也得勤王詔遂起兵法屢擊之弗能獲有越南之豚犬而進士冠者曰阮文豹法以美官賂豹豹爲之間豹利同年也利信之豹道法兵入屯遂被執時北圻未定法欲官利以收人心竟不屈遂以歲除日梟斬於南城市上時義人有輓聯云未捷身亡長使英雄淚滿並遊顏厚肯教夫子生還蓋指豹也

杜輝僚　亦南定人二甲進士國亡與武有利同謀法人幽之坡室禁飲食不與僚以老母無養故不敢死坐獄待命如是者累年亂定後僚以潛匿無實狀得免戮然旬月間必向法人點名呈面一次又如是者累年母亡居喪終悉召其門生子弟囑之曰昨所以區區忍死者有老母耳今母喪終吾死矣即仰藥僚丰神溫雅而中存凜凜不可犯之概人有說及法人及爲法奴隸之事但微笑不答然子房諸葛之志實無頃刻忘也被法人束縛嚴無可伸展齎志以歿僚嘗有詩云

　千百年來有此日　十八九事不如心
　未老杜老空懷古　再生賈生徒哭今

宋維新　清花人進士全家死於法今無嗣維新初罷官歸里與舉人子宋維清奉勤王詔舉義兵於清花結山蠻岑伯爍丁文毛等兵數千餘屢挫法兵乂安解元阮季淹亦以義兵會屯岑悃時有清花人高玉醴爲法獵獒最得力維新之故門吏也維新爲所誑被獲維新一時有盛名法奴隸者爲之謀脫死竟不可法人梟之其家眷

於維新未獲時。皆以幽獄死。阮季淹亦被戮。

阮敦節　清花人。倜儻有大志。謀舉義兵。未及發事泄。法人幽之杖之鞫之。問其黨。固不言。法人引斬者數次。竟不斬。欲窮查之盡得其全黨乃已。敦節固終不言。法人發爲囚徒。牢堡哀哉。著赭衣荷板錘。執役刀從法兵背後而供灑汲之役者。乃越南十年前儒冠文履目炬聲鐘之阮敦節也。敦節以進士歷官知府。素懷國憂。多結山寨好漢。不肯死。非憚死也。嗟乎。此老心事。何日作一聲泉下笑哉。

丁文質　乂安人。應詔起義兵。敗被執。法人梟其屍。屍爛。門人乞收葬。法人但予屍。奪其首而火之。文明强國所爲固如是也。丁文質其幸而身被之哉。丁母與其弟。既死於難。男二姪二女一年甚幼。法人俱戮之。文明國嗜殺固如是哉。丁初以進士蒞義興府。甚得軍民心。與法人戰。屢勝。南定城亡。義興府不能下。質受刑乃酷慘如此。想是愛國者犯歐洲之最重律科歟。

阮效　潘伯扇　廣南人。以散官起義。三年血戰。法人未有以敗之。會廣義人阮紳。初亦附名義會者。後叛義會。投法。法人奴隸中之最露頭角者。其黨黎潔亦爲法黠狗。效扇所在。必極力蹤跡之。法虎得紳潔爲倀。捕效扇益急。效扇度兵必敗。至三省義人必盡爲法魚肉。效乃與扇謀曰。三省義會。君與我實主之。事不可爲。有死而已。然俱死無益。君先死。我散其黨。而以身任法人。執法人鞫問我。我極力爲吾黨解脫。死一我不足惜。存吾黨。他日有成吾志者。吾生也。扇慨然諾。遂著冠帶。望闕五拜。又向效再拜曰。君勉之。我去也。即傾藥囊。一飲而瞑。蓋扇初起兵時。即以衣袋貯鴆藥。有死志久矣。效被虜。解赴順京。法人集刑官廷鞫。時廣南三省義會。不下數百人。此其有名者。效獨稱三省人甘心作賊者。惟效一人。其餘皆爲效所力脅。彼懼燒毀。不敢不從。無他心也。斬效足矣。他不學問。獄成。竟無一言。伸頸就戮。效鏖下胡學。以布役起兵。有名戰將。亦被戮。嗚呼。二人者。家破矣。不問也。身死矣。不恤也。區區思存其黨。以爲後圖。彼其眼中胸中。但有祖國有同胞耳。此等肝腸。眞是天地欽鬼神佩。爲其黨者。顧乃僥倖偷生。蹉跎至死。不知人間有何可羞可恨。其何以地下告程嬰哉。

黎忠庭　陳猷　二人皆廣義人。阮紳同鄉也。庭猷以廣義人抗法。紳以廣義人助法。庭猷以勤王死於法。紳實戮之。越南固紳之同種。廣義又紳同種中至親至切之同種。夫同種而至不愛同種。亦已忍矣。乃又爲異種者拔刀刃。必殺吾同種而後已。獨何心哉。法人愛紳慕紳庇護紳。於紳何取乎。倘使紳祖宗父母而生於法。法人能保其不助異種者以禍法乎。今日背越南忘廣義而助異種之法人。他日必將背法人忘欽使而助攻法之一種人。此翻覆事阮紳固優爲之。法人而果愚昧與。法人而果可欺可弄與。則必崇信此朝恩暮讎反側顚倒之阮紳。阮紳必有以報法。聯法人以攻法道。與法異種者以攻法。固阮紳一反掌間耳。然法人決不愚也。法人決不可欺弄也。法人決不信此忘祖國而崇殊族之阮紳也。危哉阮紳。危哉阮紳。

范纘　平定人。以武學生起兵。平定勤王會人。纘其赫赫者。與法抗三年。弗克。入山死。法人募人入山尋其墓。掘屍而火之。此等奇駭事。乃文明國亦嘗爲之也。

黎寧　河靜人。以陰生爲義黨倡。寧世家子。有厚貲。少年時。知國必亡。已有短刀匹馬之志。結納俠客。揮金如泥。手下嘗有數百死士。順京失。卽舉義旗。奉出帝詔。爲義軍參贊。多敗法兵。誠法將會病斃。法人分插其村民。沒其社村號。兄弟五人。四死於法難。鏖下裨佐。後隸潘廷逢。皆有戰將名。功雖不成。實義黨中之最表表者。

何文美　河靜人。以書生應詔。深沉有智。能易裝服。混入法營。屯爲義會疆間。時偷取法屯軍械火器。裝載入山。

法人不能害，爲仇人中傷，自射其喉而死。美起居必以短槍隨，誓不汚法人手也。燈蛾赴火，美誠可憐哉。然義黨中之最凜凜烈烈者美。旣死，法人以不得殺爲恨也，割其首，梟之市十餘日。彼傫傫者何罪乎，酷虐至此，此所以爲文明國也。

阮仕　乂安人，初本偷漢，不事人家業，常以短刀隨身。聞法人名，輒怒目切齒，頭髮指天，誓必殺割此賊。投義黨爲領兵，經百餘戰，見法人未嘗避也。善撫士卒，恩愛備至，帥府賞賜銀錢，輒分予手下，一文不入囊。嗟乎，不愛錢不惜死，兼而有之，得如此偷兒，我且焚香稽首而祝之曰：吾千拜汝，吾萬拜汝。仕死，法人發其墓。仕出身甚微，然義黨中之名戰將者。仕死後，乂安更無如此人。

阮有政　阮春溫　皆乂安進士，熱誠憂國，天性懇摯，溫比政又過之。溫被執，檻赴京，法人百般窘辱，終不屈死。揮刀劃天，齎恨入地，仇人尚在，肯忍見其子孫耶。

潘廷逢　丁酉難作，乘輿播遷，以香溪縣爲行在所，河靜轄也。河靜屬乂安，安靜全部赴義最多，與法相持最久，被禍較諸省亦最酷。十一年間，販奴佃戶，偷漢屠兒，皆奮跡草萊，與法人拚命，有百戰間關，爲一時名將者。義兵掌營高勝，義兵提領阮橙，尤庸中佼佼也。勝果敢善戰，能一見洋砲，依式製造，精巧不下於法人。與法戰，輒殲法一畫二畫等官，法兵相戒，遇勝輒避。使國中有數百勝，法人其不狼狽而西乎。勝自投軍，遇敵輒戰，眞法人之無賴賊。勝死，所居里法人燬之，勝墳墓被掘。橙果敢不亞勝，而謀略又過之。法人初來，橙卽投法兵爲細作，引法兵拿匪，卻陰誡徒黨，以酒具餌法兵，乘醉誅之，盡奪其砲，遂赴義黨。奉出帝詔爲領兵。橙赴戰，能避銳擊惰，以逸待勞，臨變從容，應機神速，有古名將風。累與法交槍，無敗者。天方授楚，未可與爭。惜哉，橙勝死，河靜遂無名將。二人皆潘廷逢麾下也。逢書生時。已落落不入時套。舉廷試第一。尋補御史。會權姦當國。擅行廢立事。刀斧林立。乃集朝臣聽命。舉朝屏息。逢獨抗章嚴劾。義氣凜凜。不避鼎鑊。類如此。勤王詔下。逢方居母喪。以衰絰奉詔。築山屯掠法堡。董率諸道義兵。二轄民大半歸附。法人號令不能行。法大奴黃高啓。逢同邑人也。以甘言厚幣誘之出。不可。國新君爲法所脅。亦溫誘之出。終不可。法人縻其戚眷。發其先墳。逢子弟哭告之。逢曰。世受國恩。與國同禍。我先人所甘心也。吾成先志耳。死不休。遂據險養兵。儲糧造械。益爲進取之備。聲勢行於兩圻。會廣義賊阮紳爲法人獵獒。以數千習兵與數千法兵分道進攻。兵未入境。適逢病重斃。法兵遂搗巢焉。時麾下無橙勝比。兵遂潰。噫嘻。出師未捷身先死。長使英雄淚滿襟。逢臨歿有絕筆聯云。九重車駕關山外。四海人民水火中。逢既死。法人購得逢屍者有厚賞。然逢麾下無肯指引者。法人遍求諸山中。得山蠻指逢墓處。法人發其屍驗之。屍有枝指。棺面有咸宜帝勅賜兩圻經略大使平西大帥之印。乃出其屍。沃以火油燒之。恐有斂灰而葬者。復散其灰。自古及今。未聞有如是之酷刑慘狀者。乃一於歐洲文明國見之。治眞正盜賊。無此律也。況其爲勤王之義士耶。文明國其何以解天下之疑也。

乙未年七月。逢死。義黨潰。十一月。法人以軍費二十萬金元。責四轄民賠償。國遂定。

於是三十六省一百二十餘府縣之土地。一百兆男婦老幼之人民。以至山蠻洞丁。南極河僊。北極諒山。西夾暹羅。東夾大海。無一不歸法人管轄。是爲法人取越南之結局。

以後法人乃全出其經理越南之毒手段。以後法人乃徐展其蹂躪越南之很腳跟。

三　法人困弱愚瞽越南之情狀

嗚呼越南人三十年間干戈了又水火水火了又刀劍幾番蹂躪餘喘僅存又豈堪法人之毒手段哉今方日日割剝魚肉嗚呼越南豈不是早晚無遺種哉今說法人之毒手段只恐聽者猶以爲言者之過也夫法國乃彊盛之國而淩侮弱小之越南成何國體法人爲文明之人而魚肉愚瞽之越人成何政法故說來恐人或不信然我據耳目之所及從實說出迥非臆聞謬想故將惡名歸於法人若有一毫虛謊天地亦不饒也夫越南是有君者今且說法人如何處置之

越南故君爲咸宜帝冲齡在位纔一年有何失德有何罪惡不過一文弱之主耳法人既攻下京城咸宜帝於是出走所到之處尺地寸土皆爲祖宗父母故地於法何干乃法人既追執之又遷之絕域曰南斐洲亞羅熱城又幽之密室又禁與外人交通又絕越人往來音信以一有德無過之君羈囚異地法人倘欲殺之則殺之已耳而乃故留此一條命歲取幾萬金以爲供養之費（法人於南國所入之常賦分爲三款其二款全歸法人越人不得干預其一款爲收養越國君臣之帑每歲就此一款中另摘出三萬金奉歸法人名曰供養越南王之金）其實供養與否越人如何得知法人祇借那三萬金留那一條生不堪生死不得死的性命殘殘毒毒至此法人卽白取那三萬金越人莫敢誰何法人要取之有名好成個假仁義的這是法人之狡險處

越南現在之君喚做成泰君法人但留的內殿與他居住存的皇帝名義與他稱呼法人却以法兵環守殿門一出一入由法兵看管國君出都門一步須奉法人號令國中一切政令詔旨皆先稟白法人得法人一諾乃敢施行或法人自傳出意旨其越人爲奴隸者行五拜三叩首禮（越人見君禮）唯唯遵辦而那皇帝却兩手拱拱點一點更不得開口問一聲這是何事如此爲國君法人便廢棄他使法人自公然書個大法大越兩國皇帝誰敢問他豈

不更乾淨了法人故留此土居木坐的虛位凡所爲種種惡虐必布之於國中問之於外國曰這是汝越南君臣所願爲曰這是汝越南君臣所順受的法人想道越南人是無耳目的外國人是無公論的只那一條計法人謂可瞞過了這敢明明白白愚惑越南這敢明明白白欺弄外國果然越南被他愚惑了果然大國被他欺弄了無那個問他罪惡者這豈不是法人之狡險處

法人以保護二字欺五洲彊國一國有利各國均霑這是公約中所有法人却遮遮掩掩過謂越南君在此法人但保護客人何利於越南彊賓不壓主想各彊國信法人此說爲法人遮掩過三十年來無一彊國商船到越南者無一彊國向越南開商館領事者我謂各彊國必不爲法所欺此或有故我未解得耳法人因此緣故繩縛束勒他王族極緊每一月兩三次檢王族譜宗人名照名點面有欠名的法人必窮追四面羅捕嚴刑治罪豈不是怕法人祕密情走洩麼法人近來絕王族的口食王族人如何生活却無一人出外控訴皆以此耳越南國是有臣的看法人如何處置越南之臣請我同人聽者

越南國破君亡這般可痛可恨那時越南臣子受國王水土的恩澤如何偷忍得過若使越南人個個都俯首貼耳甘心事法的竟成何世界越南人勢力固萬萬不及法的與法爭命猶如三歲兒童去與拔生牛角的孟賁一場決鬬如何不敗那越南人敗了有不肯屈服的有十分憤恨憤極自死的有投首求免罪的不肯屈服的如潘廷逢范纘一般人法人倘容他逃遁山谷他固與草木俱朽於法何傷法人却極力下毒手縻他妻眷連累他鄉旅掘發他墳墓他不肯屈服到底是他分事當然法人罪其生者梟不憐病（是越人俗語）怎敢怨恨他可憐死者屍骸而生者當得何罪法人竟暴露碎解懸之城門投之水火如此豈不痛煞那痛憤自死的如阮高何文美一般人

他身既無辜自戮。他妻子既困苦無依。寃哭愁呻。天裂地坼。倘法人休手罷了。容他一滴血入地。於法何損。法人却思快積忿。必發其屍而火之。必劃其首而梟之。彼窮鬼殘屍何能作賊。黑黑禿禿的骷髏受天地間僅有之苦狀。法人努兩目很視。拍手稱快。快豈不令人駭煞。彼投首求免罪的如阮珹潘仲謀阮光琚一般人。（此三名不被法殺然他是二個進士一個舉人法人存之以誘諸出首者）他固怯怯的兒蠢蠢的漢。大丈夫行事。豈有一經敗衄。輒低首下氣。向人乞哀。此等臭皮囊。留之可嫌。殺之不忍。但自法人而論。便是他既降服的。又何必殺。可憐那安和北門外。一輩投降人。儘將一劍揮去殺之已矣。又禁絕他家人族人。不許認屍收葬。暴骨流血。行人爲之絕跡。法人又極狡。初間一二出首。法人甘言醴賞誘他。自相牽引。陸續俱出山中巢穴空了。便引出安和門。那時出首人都還贈他一劍。那時諸不肯出首的烈士。定當拍案叫快。既受殺降的名。又快烈士的志。又堅思奮的心。如此無名之刑。無辜之戮。文明人胡亦爲之。汝越南人。好睜開兩目一看。勿謂法人可信也。彼法人於國未定時。勸諭出首免罪文千口萬口。汝今日視法人何如。汝尙信法人否。否。法人又有最兇最很的手段。又有最姦最譎的肝腸。初取越南時。他極以甘言醴賞誘越人。又以美官厚俸餌越人。他所行種種惡狀。嗾越人爲之獵鷹。如阮紳黃高啓（此二人最以拿匪得力）輩。其搏噬如意者。爲越國中猴面彘腸無義無行之惡棍。實越人平素所不齒。法人却極尊崇之。如武允迓以一通言。至總督協辦。其他督撫名祿。督撫名芳。皆爲法通言。助桀爲虐者。法人種種惡蘖。先以意指授此奴輩。欲東嗾之東。欲西嗾之西。此輩奔走不遑。法人坐享其利。此輩所分肥染指。歲積月累而得之膏血。法人知其多也。即便索瑕吹垢。罰一罰。便雙手捧數十年臭囊。奉還貴國保護欽使了。全利歸法。而惡名則此輩分任之。其兇且譎。實爲古今第一無二的手段。

越南國是有民的看法人如何處置越南民請看一看想我同人聽到這一段有不拍案叫哀擘天稱痛者便是無耳目的便是無心血的便是非人種的我敢斷斷說無是天理無是人道我同人好聽去我只怕同人掩淚抑惱也我不忍說然不說出我同人如何得知我豈不是死罪死罪我說去越民在國未亡時國君取於民有喚做庸錢有喚做租錢此外更無雜稅其庸錢是身稅錢却只八九千或至二三十千乃同出一口率一率只有三百銅錢之多蓋照戶不照口所以甚少其遇有凋瘵更行蠲免其租錢是田土稅有三十畝四十畝乃出一畝稅一畝稅有一官方斛粟之多蓋任民開供官不過問所以甚輕緣越南待民甚寬這是嬌養姑息政體漸成惰懶瞞飾氣習實非富強的資格法人得國若稍留意興滯振敝令民出銀出錢爲民開智興利國民豈不甚大幸福如何怨他那法人却無利民的意思一切利權都被法人掌握越人却無絲毫分潤故民財民力民膏脂却千端萬緒索取朝供到夕夕供到朝想如此月月年年越人一定無食可餐無衣可著的其目有若干事零零碎碎却不勝言請摘舉其大者說與我同胞聽者

(一)爲田土之稅　初法人令民盡括田土依數開供無得隱瞞隱瞞者有罰其田土沒入官能覺出隱瞞者有重賞如現今陳日省爲法通言以查出丁田得清化按察之職此是法人嗾犬豢鷹的左券田土分爲三等上等田每畝稅銀一元土亦如之中等下等準是而殺與民訂約永爲成例纔得一年法人謂南人留荒田土多宜增加稅額使南人勤於農業法人將行一事必設爲一巧飾仁義之說瞞人耳目這亦是保護越南的話頭這田土稅如是遞年增加下等加爲中等中等加爲上等其上等無可加卽令於田簿倍增其數百畝增十畝十畝增一畝數年之間田土但有上等中等稅無下等稅（丁簿亦照此例百增十十增一）民村有不堪者請法人勘度端供法人不復究問

但準交還田土與法農官耕墾其稅由總里責賠（越南例收稅人員有稱曰總副總里長合稱曰總里）現民間出稅實田爲法農占奪者處處而有實是無路可訴的實狀（越人修單向官乞度曰端供詞蓋將實情端與官不敢瞞也）

（二）爲人口之稅　法人初言民生須爲國供役古今通義若欲終歲安業須於身稅外另出役錢其人口稅銀名曰公搜銀每歲一壯丁出金二元二角又役錢曰公益銀每歲一壯丁出金八角是爲每歲一壯丁納銀三元然其初下令時只金一元遞年增加至今西貢民每丁歲納五六元之多外兩圻諸省歲每丁三元或初成丁不滿三元積歲遂增尙未有已時也越南有一小小事說來可哭可笑有某村人照盛時丁簿太多經兵燹後耗其大半法人丁例有增無減某村人一貧如洗納個公搜銀公益銀實實不能堪的咎矣富人哀此煢獨乃相聚而謀曰窮窘至此無天可上無地可入我們盡率所有人丁向貴保護官苦叫任他烹宰想保護官必無盡殺我輩的理看他如何處分可憐他途窮計絕作無首無尾的乞叫他不想法人是很很毒毒的手幾千百銀元他如何肯放過某村人一齊到法人庭下蒲伏陳苦法人謂汝何不將汝妻兒家居田地賣去納銀與我大法便了某村人慌忙未及思算哭一聲向對法人謂妻兒賣了家屋賣了田地賣了只有一片天在頭上未賣得耳法官拍案大笑曰好好汝一片天未賣將那天賣與我寫下券文我與汝免了搜銀罷某村人面面相覷未知如何回答已見法官取紙筆來押令某村人寫下賣天的券文寫訖村人寫了本村同記字樣某某人名押手點指訖逐出村人其券文法官納之袖村人出都想不出法官如何處分有憂的有喜的有驚懼的俱是未解法人的意豈知某村人歸來未入室一隊巡警法兵已四面圍著那村疎疎密密似攻城一樣但聞彼處傳此處呼喧喧道汝村人賣天與我大法那村汝上面天是大法有了非汝村有了汝村人不得去走天下的不得曝曬天光的若見汝向

屋牆外。出頭露面的。便是敢窺我大法天的。便是侵犯我大法天的。便是死罪。我大法決不輕饒。巡警兵護天的。一連三日。那村人直是水洩不通的。真是晝不見日。夜不見月與星的。此時村人愈窮窘。乃哭哭泣泣。千般訴萬般哀。向法官乞許贖回那村頭上一片天來。真個是妻兒賣了。家屋賣了。田地賣了。方納清這搜銀。方纔討個安居的。法人方纔罷手。俗諺有云。

到底無天苦。　畢竟有天好。
妻兒將奈何。　田地未必保。
我贖吾天來。　那天不是老。

又有寓越華商。爲城廂旅民。身稅較本國人逾重。上等身稅可六十元。中等半之。下等至少亦十元。以上各項公搜稅銀。法人給一紙牌。用法文法印。註明姓名年貫。爲隨身信符。不許遺脫。途行者。家居者。若遇密魔邪檢察（法人巡警兵爲魔邪兵偵探兵爲密魔邪兵）無此紙牌。作逃搜論。卽得重罰。其有官紳在家及現爲法從事者。照越南國例。無身稅銀。法人却給一免搜銀牌。每三年一換。領牌換牌。皆納銀。三年較搜銀更重。其紙牌有青紅黃三式。黃者爲免搜紙牌。紅者爲受搜紙牌。青者爲外籍紙牌。外籍紙牌。又有一則稅例。南人遊商自居里過別處。若忙急未及向法官乞通行文憑。到別處時。向法官納銀元。領個外籍牌（是青牌者）以住限速遲爲多少。領紙牌訖。方得投客棧居住。客棧若許無紙牌者居住。巡警兵覺出。拿向法官。主客同罰。此是要分客棧之利。民間雖納公益銀。役亦不爲之減。每役民。必曰許雇役錢。初時少支。頃間便變易其說。囊錢裏飯。任民自供。未嘗雇也。其譎處在狙詐奴隸。其凶處在土苴人命。

(三)爲屋居之稅　照房定款逐項徵收其例不一．環城廂者．上等屋房．歲出銀九十元．或至一百元．中等屋房．歲出銀五十元．或至六十元．下等屋房．歲出銀二十元．或至三十元．房屋前後爲堂軒稅．（南人曰錢厦軒）堂外爲庭稅．（南人曰[illegible]稅）庭外爲門欄稅．門欄外爲園居稅．亦無一定規則．但按項出銀．照房屋例爲增減．處處門外．俱有法文爲記．無者爲瞞稅．卽有重罰．登時逐去．若在村野．這稅則較輕．

(四)爲渡頭之稅　每到江河橫渡處．卽隔數尺水．而水上有一收稅公司．其役由南人領掌．其銀納於法官．每大江一津次．一人渡江錢．可三四十個銅錢．極小江一津次．一人渡江錢．可六七個銅錢．貧家貿易生理．極苦此事．

(五)爲生死之稅　男女初生．卽向法之參辨堂．呈開納．呈開銀．男女至死時．卽向法之參辨堂．乞驗納．乞驗銀．輕重視人之貧富爲差．此防逃漏身稅也．此是行之於西貢者．各處未有．法人徵收．皆以漸而至．不一時齊到．此是陰朘民脈處．

(六)爲契劵之稅　法人知人間雇借賣買田土家屋詞訟單遞．用紙必多．却生一術．於越南紙中．押下法人印信．凡上所用紙各件事．須向法人領這紙．納銀賣領．若有不用此紙．名爲背國法．一切事行不著．

(七)爲人事之雜稅　或請僧．或忌臘．或禳祭．或改一椽．或易一瓦．或送喪．或行慶賀等事．凡聚會一筵．一時辰．打一聲鼓．吹一口簫．不論貴賤何等人家．皆須向法官呈納．請銀三角或五角．隨事之大小而定稅．法人給一小紙．乃得遵辦．名曰乞法銀錢．日間從輕．夜間倍之．此行之城廂者．村野各處未有．

(八)爲船戶之稅　這稅額亦照房屋稅額．分上中下三等．上等船戶．爲大商船．亦歲納銀百元．或至二百元．中等船戶、半之下等商船戶、又半之、最慘苦者、是漁戶、漁戶人、無田地、無家屋、無工商各藝、以一葉爲生涯、朝得魚、暮得食、從前越南國君於此等民、毫無征取、但令供水役而給予役錢而已、法人亦令一一徵收、一漁民幾隻船、一船幾人口、出人口銀錢、又出船屋錢、得魚向市、又取魚稅錢、以上諸船稅、船頭皆有法文爲記、無者爲瞞稅、即有重罰、

(九)爲商賈之稅　其最重者、旅商店、亦分大中小三項、照貨收銀、南人名曰稅網行　其大項、或歲出二三百元上下、中項半之、小項又半之、即一小小商廛、設幾件賣買品料、雖至賣漿賣菜賣碎柴賣檳榔、極少的事、亦須有稅牌紙、無者爲瞞稅、即有重罰、

(十)爲市廛之稅　市分大中小三等、令所在領徵而納銀於法官、大市歲七八百銀元、中次之、小又次之、外又有行市者、自出之稅、擔一肩柴、挑一籃菜、亦必納稅、乃得入市、樵夫野人、以手足爲生理者、甚苦此事、貧人歸途、但聞嗷嗷相問、汝今朝出稅幾何、今晚出稅幾何、此外更無一語、

(十一)爲鹽酒之稅　其初法人但責煑鹽戶納鹽田稅、後見越人嗜鹽、便起貪心、令所在有鹽田者、出其田之稅、亦照田土例徵收、而倍其額、其鹽貨由法人自煑、責令鹽戶供其役、少少還些値錢、鹽煑成業、賣鹽者出銀向法人領買、法人照銀授鹽、訖給與一紙牌、每一紙牌、隨所買多少納銀、買鹽銀、不在此數、計一升鹽、至此已有兩重稅、一爲鹽出稅、一爲領買鹽紙牌稅、買鹽自場出、又到法商政司呈乞勘、商政司秤得若干斤、若干斛、訖、納銀取賣鹽稅牌、前兩重稅、是防盜煑、此一重稅、方的是鹽成一升鹽、至此時有三重稅、三重稅納淸、方得引鹽到市、入市時、又納市稅、成四重稅、鹽產那得不窮、鹽價那得不騰昂、國中前日一升鹽、不過五六十銅錢、今日一升鹽、

有四五銀元之値。越人海濱僦居。實　鹽爲生命。漁獵至此。天焦海枯。慘慘酷酷。越人苦極。有自脫於法網之外。閭閻自相貿易。不復向場入市。更苦法人巡警極嚴。偵探極密。一經覺出。全家爲之掃地。更人人忍饑忍死。尙可言哉。酒稅。亦與鹽稅同。亦由法人自煮。業賣酒者。亦向法人領買酒紙牌。但只兩重稅耳。

(十二)爲殿寺之稅　法人無事神奉佛等事。人間殿寺。分爲大中小三項。向法官納稅。領法文門牌一紙。方得奉祀。（大項歲五十元中項三十元小半之）現今西貢廟宇幾爲之空。其有一二富鄉村。時得一見。眞成魯國靈光矣。

(十三)爲工藝之稅　越國工藝人。多專村居住。屋其地者。專其業。如鉢場業陶。楓林業釀。文林業鐵匠等類。法人於身稅外。令納工藝稅錢。隨業之貴賤。定多寡稅額。亦人給一紙牌稅。無者禁。不得做生理。祇許在官供役。貧民以手藝自養。那堪束手待斃。噫噫。

(十四)爲地產之稅　這等稅却不勝書。山產有象牙、犀角、錦石、玉石等。海產有玳瑁、珊瑚、燕巢、珠貝等。淸蘷之桂。廣南之飴糖。乂安之鐵林。黃草。西貢之砂仁。荳蔻。椅楠。沉香。南定海陽之茶。煙草。（是名相思草可避嵐瘴越人嗜此煙男女皆食之）平定之蠶絲。一切土地間所有貨品。皆有專稅。其爲法人所自占管。不許本土人開採者。不納費稅。但出地稅而已。除此項外稅額甚繁。言之可厭。怕同人爲之掩耳而走也。姑舉茶煙草稅一則。其餘可知。

(十五)爲種煙田之稅　每種煙家。向法公司納田稅。畝照常田倍之。方得下種。稅一。

(十六)爲生煙之稅　煙草自田間採還。未經三五日。割切成片。得若干斤若干榭。須悉向法司呈勘。納稅訖。方得出賣。稅二。（此兩重稅造煙家出）

(十七)爲熟煙之稅　業煙商者。向造煙家買回。卽呈商政司。得若干斤。若干榭。繳納稅淸。許給稅紙牌。方得轉

運他處。（此一重稅業煙商者出）

（十八）為公局煙稅　業商者自此省轉載他省。卽由所在之商政司納稅訖。給與紙牌。方得散賣。稅四。（此一重稅行商者出）●

（十九）為私局煙稅　一切諸小本商家。從大商家零碎分買。又必向某處某處小局商政分司呈勘領稅牌訖。方得店前販賣。（此一重稅坐商者出）然入市時。一肩之擔。一掌之握。亦必向市司納稅。方得賣之市間。只緣法人預防越人太深。酷嗜越貨太熱。百端營謀。萬端索取。總之越人無一線生路。法人志願始滿耳。

大抵貨項之稅。不論貴賤。入商政司者十斤有稅。入市政司者值十文銅錢以上亦有稅。入巡警司者。無論何人。無論何件事。銀錢便是護符。

法人有白取人財一妙法。想是五洲中文明國千思萬想。不能猜到者。曰英豪會一事。法人選民間猾豪姦魁鄉曲所厭惡者。每地方二三人。名曰英豪會。（其名甚美）月二禮拜日會於公使堂。指畫利路。某處有某款宜征徵某事有某利宜收拾。法人虎也。此輩為之倀。日改月新。搜幽索隱。眞個是一文不遺。一粒必摘的。方纔如意。此輩人無學問。無心術。驅之作惡。如蜂得甜。這是法人最善用人處。文明各國有如是用人手段麼。法人又有陰空人國一絕妙法。為五洲中文明國千千萬萬想不到者。是為密魔邪一事。（法人巡警隊之隱名越人呼曰瞿列兵）法人補給那密魔邪兵時。須擇那個無父母無兄弟無家屋無資業的惡棍。又察他面貌。果然是極兇極很極貪極譎的。方許選到。選到時。法人喚那惡棍向天罵一聲。又喚那惡棍呼他父的諱名。罵一聲。法人乃欣欣懽懽。以重金賞那惡棍。引那惡棍入隊。法人謂如此無所忌憚。巡捕偵探。方得力故也。那入隊惡棍。正是密魔邪的漢子。搜察姦細也。此輩。徵誅逋漏也此輩。（西貢今日此輩最盛越人目之曰遊棍黨然 養蜂自蠹未知何如有識者看此輩結局）然後設爲夜行之禁。爲偶語之禁。爲博酒之禁。爲盜煮私鹽之禁。爲窩娼貯贓之禁。爲陰圖潛匪之禁。爲異人異樣之禁。四布法網。愈密愈繁。全藉此輩偵探之力。此輩人上無天下無地中無身。但得悅法人心。取法人金。何波濤不簸弄得起。何風火不吹煽得烘。一到法庭。大半是摹空語。法人亦知其然。亦甚憐憫。要將罰銀與我大法。我大法釋了。便罷絲毫之事。動輒罰銀。今日罰銀未清。明日罰銀又至。其最可哭不能哭。可笑不能笑者。爲逼劫民家良婦女入娼之一事。法人於各都會城廂處皆設娼樓。徵妓女稅錢。亦有三等。上等娼歲三十銀元。中等次之。下等又次之。給予黃紙一片。有法文印記。這紙隨身。方得賣藝。此等女人遊惰無業。煙花生涯。實人間極賤品。重收稅錢。亦不足怪。其兇很的。却在用巡警兵假偵探。爲唆嫁事。這是抑勒民家良婦女之妙法。法人律每夜令巡警兵偵探娼樓。有實無黃紙牌。私引男子行嫖者。押赴刑曹重罰。其女卽沒入其本銀。若得娼樓稅日增。巡警兵有重賞。巡警兵乘風生事。尋禍邀功。但見人家有零丁寡婦流落孤娘。無父母兄弟可依。無權要勢力可援。卽黑夜闖入其家。（法律禁夜入人家 惟巡警兵得入）誣以竊窩嫖男。彼孤窮懼禍怯見法官。恐喝雷霆。無所控訴。便歔唏忍淚。乞領黃紙了事。明明白白的良人。從此向賤妓場中生活。娼樓稅日重。巡警聲勢愈大起來。嗟乎黃紙一貼。膺終身落地獄。零丁弱婦。何辜於天。眞是古今絕奇慘事。如此政體。歐洲文明國固當爲之也。呵呵呵。（法律窩嫖者有罪嫖者無罪 此亦是蕩敗越人一妙法）

法人又有個黑迷人國之一妙法。想是五洲文明國中千馳萬驟學不得。請言那個妙法。與同人聽。我同人定當爲越南汪汪淚流。作東溟怒潮湧也。

越南人得離火正氣。固聰慧易教。又孔孟書流入已久。不是全喪廉恥的國人。法人念現下民智未開。士習未變。

容易播弄他。若一旦天牖他心思。地豁他障蔽。却去各文明國。增幾條見聞。開幾路學術。長幾分才智。他必不肯寄人鼻息下。我那時駕馭他却難。便將那愚瞽牢籠的術。極力舞弄去。極力吹煙煽霧去。這如何是愚瞽之術。越南從前取士。有文武二科。國中並行。這二科都是越南千年來腐敝的政法。都無可觀。然武科比文科。偏有那剛彊奮厲的氣象。文科比武科。偏增那委靡柔怯的氣象。他纔得國。卽便除去了武科。其卑卑懊懊無用的文科。他却不廢。他知越南人癖好此無用賤物。留此一條。癡惑蒙昧幾個聰明少年。那聰明少年。不由此科。便百般給役。不堪饑苦。如何拋擲得。國中大半人才。被此途壞了。法得國數年。知越南人才。已漸漸壞些。他却將此途輕看。西貢初取。便拋棄科舉。西貢舊時進士。人間不知姓名。東京今日此途亦漸減殺。法人想此途雖無實用。猶令人喜讀書。就中有稍能自拔者。不如空空去掃了此途。絕他讀書的種子。恰好驅策他。便崇重那稍曉法話不曉詩書的一般人。現在要官美階。全用通寄豪猾。其由科目進者。僅十人中之一二。此輩科目。固是忘廉喪恥不成面目的。他尚嫌忌。況眞正好的人才。他那得不忌。他便下一禁令。極是叫天拍地。咽不能出聲的事。法人於國中設大法學場一。設法越學場一。但教以法文法話。能粗供法人奴隸役。卽罷。其精博處。一切有用處。越南人不得見也。法學場外。若有個人出洋遊學。及與外洋人交通。求學各國言語文字者。照暗通外人。潛圖不軌律。擬罪。法人必嚴捕拿。獲該犯身戮。該父母兄弟妻子干連。拿不獲。時籍沒其家產。掘廢其墳墓。父母兄弟妻子嚴囚。俟擬這條禁例。不識法人之意何如。試思學外國文字言語。與外洋人交遊。於法人當得何罪。法人却如此嚴禁。現今日本人於越南東京西貢沱瀼有彼館然亦禁越人不得往來豈不是愚瞽越南人麼。不惟愚瞽越南人。幷五洲中文明各彊國。都被他瞞飾遮掩得過耳。

法人又有一個法術。既攫了銀元。又愚弄國人。豈不妙絕。法人於國中設二報館。一曰大法日報館。一曰大南日報館。（只大南二字已覺奇絕越南明明白白是無國的大於何有法人將誰欺欺天乎）俱在東京全權處法報館掌以法人報紙中說天說地。獨西人知之不許越人過問焉南報館以南人分司而法人爲主席。却選個無廉無恥得幾個銀元便天神父母法人的俗子起筆奉承如武范誠朱孟楨之類法人出一令令未及行報文便極力稱贊貴保護的歌誦貴保護的法人閱過撚鬚曰好好方許登報若稍有謗議時政的話頭悲憤時事的語氣任爾舌端泉湧筆底雷鳴半隻字不敢入報如此等事豈非令人箝口結舌的豈非要人耳昏目黑的偏有可喜者報紙成。郵寄各府縣社村出納認紙銀元大府縣每月報紙銀三十元小府縣每月報紙銀十五元各社村大者月六元小者月三元所輸入法人者一月有銀幾萬元之多。於南人眞如霧裏看天也豈不可笑呢。

四　越南之將來

我聽到這回話爲之於邑咽不能作聲。既而熱的面豎的眉向那男子道果然果然越南國其終亡乎越南國人種其悉化爲水面沙蟲火中螻蟻。一百兆黃人種其盡淪爲無數千萬億白人種乎。曰是未可知申胥一身可以存楚。楚雖三戶可以亡秦越南國若是有人心其終亡不終亡未可知也。彊弱大小是有形的軀體。勇怯誠僞是無形的精神以精神與軀體爭衡愈磨練愈堅愈頹唐愈壯始不能勝終必勝之只爭那勇不勇誠不誠耳。越南人若果一腔愛國有蜜蜂戀主的熱誠。萬死赴仇有虎豹護兒的癡勇任是地可老天可荒山可焦海可涸而此熱誠此癡勇無一刻消磨是謂精神既充軀體自猛數千餘神怨人憤之法鬼。其不能與五十兆愛國赴仇之越南人並域而處也。頃刻間耳。若是越南國有人心。如何終亡。曰然。請問那越南人心。曰此難言也。若據顯顯赫赫的事狀。實無一那個是越南國人心。若據鬱鬱勃勃的情狀。實無一那個不是越南國人心。他固不曾把肝腸示與我的。吾亦不從他肚裏出的。然越南國是人種的國。不是獸種的國。吾卽從人理猜想出來。說與同人聽者。

一般人是閥閱高門。詩書望族。全家天祿。累世皇恩。百餘年鼎食鐘鳴。何非越南民之膏血。一二輩輕裘肥馬。猶是越南國之頭顱。可憐地塌天崩。桑沉海陸。柱中流而奚托。支大廈以何人。業既無事時受越南國如許恩榮。豈容有變時任越南國如許禍患。中夜顧影。捫心自思。試問祖宗父母何處生長來。試問妻孥服食何處供奉來。一旦任異種人做東做西。做天做地。我如何安忍得。我非牛豚。我非木石。我如何甘事法人。得張子房之破產。惟知五世酬恩。文天祥之散貲。不負百年養士。說到古人肝腸。知越南國故家子弟。必奮然曰。彼何人也。我何人也。有爲者亦若是。

這一般人是爲越南國報恩者。斷斷是要滅法人。若說他不要滅法人。是他決非人種。他必不如此。

有一般人是頑固赤子。戴宋遺民。勤王固義所當然。乃一人荷戈而全家墟塚。討賊亦何罪之有。乃子馳羽檄。而父入牢囚。彼法人誅戮汝父母師長。割殺汝兄弟妻兒。蕩毀汝家居。收沒汝財產。汝豈一日能忘之。汝豈一日忍忘之。汝家居汝財產。汝忘之。吾願汝忘之。吾問汝父母師長今何在乎。是法人誅戮否。問汝兄弟妻兒今何在乎。是法人殺割否。出頭便稱男子。世界上之美名。靦面而事仇人。宇宙間之穢物。汝將爲美名乎。汝將爲穢物乎。汝若飽汝食。煖汝衣。甘與法人並處。汝父母師長兄弟妻兒。地下含冤。汝何以對。我知汝是越南人種。不是法人種。

我知汝是男兒血性不是豚犬性我知汝必沉然思猛然起振臂而大呼曰仇人仇人吾誓必殄滅此而朝食也

這一般人是與法人有身仇家仇的斷斷不肯與法人共生若說他肯與法人共生便是他非人種我不敢說

一般人是祖宗父母爲越國民子弟妻兒事耶穌教並生並育誰非食毛踐土斯世斯人固亦共天而戴皆吾兄也皆吾弟也有何嫌焉有何疑焉無論前日中法人之謀但說今日被法人之禍法人數十年來重刑重罰無一事爲耶穌人寬搜銀稅銀無一文爲耶穌人減百年前之線路爲恩翻是成仇數十萬之生靈求福轉而得禍可知彼法人肝腸不測非若我南人族類相孚與其屈膝而事仇人何如同心以保吾族死後之天堂未卜但求現在和平生前之地獄堪憐忍視如斯塗炭靜言思之我耶穌民越南國民也我必保越南國我必不從法蘭西國我必不肯助法人以禍越南國如此乃是天主教中之民如此乃是天主救世教之民如此乃是越南國同胞之民若有不肯誅法人忍視法人禍越人便是非天主教之民便是天主救世教中無此道理便是越南國同胞中無此人種

這一般人是耶穌民要滅法人以保同類而扶主教的若謂耶穌民無誅法人思想我越南國人決無此說

一般人是碌碌營生嗷嗷待哺窮年膏血供搜稅而無餘終日東西入鹽場而未足妻子之啼號遑恤但憂役吏叩門父師之督責猶寬只恐巡丁捉手如此情境其何以生如此形軀苦不卽死我非魚肉鷩刀俎之縱橫時無英雄歎江山之寂寞彼豈不知

曳拱托厤坤拱托　功兕椎辱買如埃

萬事到頭一場拚命不幸而死猶死得勇死得快死得有名與其憔悴消磨奄奄待死爲餓狗死爲枯魚死死亦

必至。死得無名。榮辱相去幾萬倍哉。況以五十兆之多。若眞同心協力。彼摩拳此擦掌。彼炊火此搬柴。並足齊步。以與法人爭。萬越人必能殺法百人。千越人必能殺法十人。百越人必能殺法一人。四五千法人只以四五萬越人殺之。彼灰眼拳鬚。決不能與越南人俱生也。如是如是。越南人必不死。越南人必生。吾知越南民窮困的思想到此。必踴踴躍躍。決與法人鬬。決不使越南國中有一個胡鬚灰眼的白種。

這一般人是不堪苛虐的。要滅法人。若謂他不要滅法人。便是他非人種的。是土木的。決無此理。

更有一般人是眞正人種人。是眞正黃人種人。是眞正越南國人男子的種人。那人不是與國較恩。不是與法較仇。却只知黃種的人。不許白種的人魚肉。

戴天履地。中覆載而爲身。倒海移山信轉移之自我。

此一般人必不多得。然想越南國全無此人。豈不羞煞。吾甚願越南國有此人。吾敢信越南國有此人。

這諸般人。我但以人理論越南國不是獸國人種。越南國是人國人種。這樣人心定是都有的。

然我也不信我聞越南自法人占了。越南國人個個爲法奴隸。我聞黃高啓阮紳極爲法人出力。戕賊越南人。曾助異種以魚肉同種。我國無是。汝謂越南國有人心。我也不信。嗚呼噫嘻。越南國人心。我正於此輩人信之。我正於此輩人望之。有女於此。東家西家爭娶之。西家美而貧。東家醜而富。問女所願。女曰東家食飯西家眠。阮紳黃高啓。何獨不然。彼豈樂爲醜漢婦哉。要食飯耳。阮紳是世受越南國恩。其父爲越南國伯爵。紳以名家子。能讀書論事。論人。實娓娓可聽。黃高啓於越南國應試。拔鄉解。少年頭角。有樹功名之思。二人者在今日固法人臣僕。然以法人臣僕稱二人。二人斷不受也。所爲法出力者。或時驅勢迫。走錯路徑。未可知。或紆徐委曲。以待機會。未可知。一失足成千古恨。再回頭是百年身。販奴屠戶極寒賤之家。尙有一點良心。尙知越南是祖宗父母國。尙知越南是同胞國。不忍見法人磨壞也。況紳與啓哉。即使喪心病狂。未至儘忘越南國。把眼前富貴買身後惡名。彼固自嫌失策。況法人情態。彼二人豈不知之。兎死狗烹。鳥盡弓藏。從古而然。法人更甚。阮文祥前鑒固昭昭哉。嘵夫。二人者。皆有智略。皆能讀書。有智略則其見機必明。能讀書則其改過必勇。一旦翻然易轍。猛然倒戈。爲祖父酬國恩。爲同胞延性命。此二人勢力又大。其運動必靈。前日爲異種出力且二十分。今日爲同種出力當千百倍。白頭失節。不如老妓從良。此二人若斷然爲之。雨覆雲翻。乾旋坤轉。以二人勢力。出之裕如。越南國脈。將於此二人是托。越南人心正於此二人是賴。彼閉戶高眠。以越南人自命。實於越南人無一毫補者。相去不啻天淵哉。吾於二人者。且將尸祝之。歌誦之。金石紀念之。

然我也不信。我聞越南國之爲法兵者。小府縣不下數百人。大省不下數千人。計全國習兵。當得三四十萬。以越南人鬚眉面目。爲法人肩鎗腰彈。任法人指麾嗾之。東則東。嗾之西則西。聚無數著髯黑齒之越南人。從法人背後。法人拳打之。法人腳踢之。終日不厭苦。如此人心。尙謂之有人心乎。我也不信。曰然。此我不欲明言也。姑言其略。鳩婦日營其巢。爲鵲計也。富家日誨其女。爲男役也。彼束縛其父母兄弟。窮餓其族黨州閭。而反驅策其人。倚爲爪牙之用。不反爲其所拏攫乎。無是理也。越南國三四十萬之習兵。法實操練之。法人軍械。習兵實掌握之。操法人之軍械。以從法人於戰場。越南國之習兵。可謂忠於法矣。然習兵之父母兄弟。誰則束縛之。習兵之族黨州閭。誰則困餓之。習兵固垂涕泣而道之。況自國定以來。法人待習兵極無恩。約束日以緊。勞役日以繁。月餉日以薄。前日一習兵月銀十元。或十二元。多者且十五元。今日一習兵月銀八元。或六元。少者乃止四五元。疆場有事。

重之如天神。邊烽不驚。視之如草芥。採馬芻者習兵。治垣塗者習兵。前日無是也。今有之。執板幹者習兵。理薪水者習兵。前日無是也。今有之。法人之兇狠如是。法人之鬼蜮如是。習兵固側目而視之。誰無父母兄弟者。誰無族黨州閭者。同此面目。誰無血性。割汝父母兄弟之肉。以飽啖汝。汝安之乎。煎汝族黨州閭之血。以酣飲汝。汝樂之乎。汝所得於法人者。一月不過銀十元。然汝之皮膚剝盡矣。法人所取償於汝之鄉族親戚者。一月且至幾千萬。法人之誅責且未已焉。哀哉痛哉。熬炙我同種以供異種人之養。而我願樂爲之搬柴炊火者。豈其情哉。謂習兵忠於法。謂習兵背越南。謂習兵助法人以攻南人。習兵斷斷無是理也。習兵習兵。豈非人種哉。習兵習兵。豈已羊彘肝腸哉。斷斷是習兵必不背越南。斷斷是習兵必不助法人。斷斷是習兵必要戮法人。歌曰。

各註習兵。各註習兵。註於安南生。註於安南長。註克註暢。註撫註批。註滿限衞。稅搜註折。註貼沒死也
戶當註羅劣。親戚註殼車。註擬吏別諸未也。西傷腰之註。西功恩之註。註昆沒戶。
茹。厭嬰吏僕古嬰。賴賴註。百拜千拜萬拜註。

豈獨習兵哉。法人通言。法人紀錄。以至爲法人陪丁。固皆越南人種也。固皆習兵之心也。彼豈有忘其祖宗父母之國而甘心從法人哉。彼豈甘心從法人而魚肉其祖宗父母之國哉。法人危矣。法人危矣。

朝鮮滅亡之原因

嗚呼、而今而後朝鮮名實俱亡矣、而今而後中國以東、日本以西、突出於黃海與日本海間之一半島、更復何有、無復有國家、無復有君主、無復有政府、無復有民族、無復有言語、無復有文字、無復有宗教、無復有典章文物制度、舉二千年所有者、一切隨鴨綠江水滔滔東逝以盡、惟餘穢亂腥臊陰慘黑闇狠狽恥辱之史跡、長點汚白頭山之雪色而不可湔祓、以此思哀、哀可知矣、昔漢陸賈作新語、意在推論秦之所以亡、以爲漢戒、一時方聞之士若賈山賈誼董仲舒、其所著述、指引秦事、詞並危切、漢世鑑之、賴以小康、竊附斯義、次論朝鮮滅亡之原因、以告我后我大夫百執事暨我邦人諸友、古人有言、與治同道罔不昌、與亂同道罔不亡、我后我大夫百執事暨我邦人諸友、試一內省焉、其亦有一二與朝鮮同道者乎、如其有之也、則吾恐不暇爲朝鮮哀也、

朝鮮滅亡最大之原因、實惟宮廷、今世立憲國、君主無政治上之責任、不能爲惡、故其賢不肖、與一國之政治無甚關係、惟專制國則異是、國家命運、全繫於宮廷、往往以君主一人一家之事、而牽一髮以動全身、致全國億兆悉蒙痡毒、徵諸我國史乘、其覆轍若一邱之貉、而朝鮮則其最近殷鑒之顯著者也、朝鮮所謂太皇帝者、（即前皇、以四年前讓位於其子、稱太皇帝、）在位垂五十年、上則見撓於所生、內則見制於哲婦、下則見脅於貴戚豪右、見熒於左右近習、政出多門、舉棋不定、而國家之元氣、遂斲喪以盡、韓之亡、實韓皇亡之也、（朝鮮宣布獨立後改國號曰韓、本文或稱朝鮮、或稱韓、隨行文之便、又此所稱韓皇

者即亡國時之太皇帝非新皇也下仿此韓皇系出庶孽。其父大院君貧不能自存。以子入繼大統。遂因緣女謁得專政。而二十年間大院君之攝位與韓皇之親政相爲嬗代。主權不出於一。韓政之亂實基於是。大院君者固天性刻薄人也。其陰鷙之才。舉韓廷無出其右。惟驕汰而卞急。多猜忌。無君人之器。其攝政伊始。李朝本久已中衰。彼不思所以整飭紀綱。而惟土木游觀之是崇。朘全國之脂膏以修一景福宮。前後亘五年。其所以苛斂於民者。非言語所能殫述。至有所謂結頭錢願納錢者。名目百出。竭澤以漁。雖秦之阿房隋之迷樓。不足以喻其汰也。民力之瘵於茲始矣。我國會有類此者否又不度德量力。欲舉區區之韓與天下萬國爲敵。時天主教徒在朝鮮者已逾十萬。大院君忽命軍隊圍而殲之。死者萬餘人。哭聲震天。血流成渠。坐是得罪天下。卒脅於要盟。與諸國結約。而權利遂棄擲無量。我國會有類此者否故大院君之爲人。雖敢於任事。有斷制。遠非韓皇所能逮。而論亡韓之禍首。彼實尸之矣。且一國中而有二尊。亂之所階也。大院君之專。韓皇若守府然。父子之間。觖望斯起。其後大院君避位者三次。奮起而再居攝者三次。羣小日煽構於其間。宮黨院黨。動成水火。蕭牆之內。殺氣屢伏。人人有自危之心。外國得居爲奇貨。因而援繫以弋奇利。韓自茲蓋不國矣。然使韓皇果有中主之資。憑藉其勢位。未嘗不可以弭禍於方來。然而韓皇之爲人也。葸懦而不自振。多疑而寡斷。好聽讒言而闇於事理。多內嬖而昵宵小。喜行小慧而計常拙。倚賴他人而不自立。好爲虛飾而不務實。此諸德者有一於此。其人固不足以主社稷。而韓皇乃具之。故閔妃擅政。豔妻煽處。舉國中知有君之妃而不知有君者。殆二十年。則晉惠帝之受制於賈后也。韓皇之生母亦閔氏閔妃即其姪女也閔族之專閔〻妃亦與有力焉坐是與大院君構釁。使小人乘之。則唐肅宗之惑於張良娣也。女謁盛行。雜進宮掖。則漢安帝之寵王聖也。諸閔布滿朝列。苞苴公行。數年之間。閔氏起家百萬以上十餘人。其金趙諸后族稱是。則漢之田竇王梁不是過也。甲申以降。執政者無半年得安其位。朝緇金紫夕橫路衢。則明莊烈之十六年易五十六相也。屢興黨獄。作瓜蔓抄。愛國之士。族誅瘐死者相屬。其竄逐於外者尚百數。則漢之黨錮。明之東林也。甲午以後。亡徵盡顯。而鉤黨尚興不已。則明福王之偷息南都。逮治復社也。大國之使者。叱怒唾辱於其前。帖耳而莫敢校。且恬然不以爲怪。則石敬瑭之求人容我爲君也。投以甘言。則歡忭委信。如小兒得餅。則楚懷王之受欺於張儀也。見偪於此。則求助於彼。不思自立。惟引虎自衛。則宋理宗之約元滅金。而不顧己之隨其後也。事變一生。蒼黃無主。任人播弄。望門投宿。則漢獻帝之見挾於李傕郭汜樊稠張濟也。舉事失當。不負責任。而動諉罪於受旨奉行之臣下。則唐文宗之賣李訓鄭注也。日日創法立制以爲美觀。而無一能實行。則王莽之法周禮也。且假之以爲殃民之具。則宋徽宗之用蔡京而侈言紹述也。强鄰壓境。命在旦夕。而色荒禽荒。不聞少減。則齊東昏之作無愁天子也。蓋歷代亡國之君之惡德。韓皇殆悉備之。然其他皆可云小節。獨其無定見而好反覆。怙威權而憚負責任。多猜忌而不能舉賢自佐。此則膏肓之病。雖和扁不能以爲治。以如此之人爲之君。雖使國中濟濟多才。而四郊無纖芥之警。其國猶將岌岌不可終日。況朝鮮之植基本薄。而所遭爲前代未聞之變者哉。

失德之君。國家代有。苟其下有人焉。亦未始不可補救。范蔚宗論晚漢朝局。謂傾而未顛。決而未潰。皆出於仁人君子心力之爲。誠篤論也。若朝鮮社會。則又亡國之社會也。朝鮮貴族寒門之辨。至今日而猶甚嚴。有所謂「兩班」者。國中政治上社會上生計上之勢力。咸爲所壟斷。非兩班則不得爲官吏。非兩班則不得從事學業。非兩班則私有財產不能安固。質言之。則朝鮮國中有自由意志有獨立人格者。惟兩班而已。而兩班則萬惡之藪也。彼其兩班之人。皆養尊處優。驕佚而不事事。以作官爲唯一之職業。故他國之設官。以治國務。朝鮮之設官。則以養無業之人。（我國何如）其官吏專務繁文縟節。一命以上。僕從如雲。（我國何如）呼蹴人民。等於禽畜。人民生命財產。無一毫法律上之保障。任官吏予取予攜。各種租稅。納於國庫者。不及其所取諸民者三之一。（我國何如）以故官吏爲朝鮮最有利之營業。全國趨之若鶩。喪名敗檢以求得之。非所恤也。（我國何如）然欲爲官吏者之數。總浮於官吏員額之數。求過於供。勢固不給。乃出於相傾軋相攙奪。以故朝鮮最多朋黨。而好爲陰謀。（我國何如）百年以前。即有所謂南宗北宗老論少論諸派者。以依附排擠爲事。至晚近而益盛。而其所謂黨派者。又非有一共同目的也。各借黨以營私利而已。故朝握手而夕操戈。不以爲怪。（我國何如）故朝鮮爭奪政權之劇烈。視各立憲國議院中之政黨。殆遠過之。而其人皆恣睢闇昧。不知世界大勢爲何物。不知政治爲何物。又無論也。近十餘年來。留學於外國。學成而歸者。固亦不乏人。然皆假所學以爲獵官之具。及其欲獵官也。則自有宦海之專門科學。以何術而攀援。以何術而傾軋。非襲昔之所學者而學之不得也。朝鮮所謂有新智識之人士。其精神皆敝於此間。而不復遑他顧。以故海外卒業留學生將千人。而至今不能辦一完全之學校。至今無人能著一書。且並譯本之少可觀者而無之。（我國何如）其人最能趨時。而變前此以頑固著名之人。及甲午以後。則日滔滔談改革。前此之中國黨。不數年忽變爲日本黨。不數年又變爲俄黨。旋又變爲日本黨。惟強是視。惟能庇我者是從。蓋全世界中個人主義最發達之國。朝鮮其首矣。（我國何如）朝鮮人最喜談。二三人相遇。輒喋喋終日。而外人稍知朝鮮人性格者。謂其所言固無一由衷也。（我國何如）朝鮮人易怒好生事。一受侮則攘臂而起。然其怒不崇朝而息。一息則薾然若已殭之蛇。撥之不動也。（我國何如）朝鮮人對於將來之觀念甚薄弱。小民但得一飽。則相與三三兩兩。煑茗憩樹陰。清談終日。不復計明日從何得食。偷然若羲皇上人也。其宦達者亦然。但使今日有官有權勢。明日國亡固非所計。故自日本設統監以後。盡人皆知朝鮮命在旦夕朝鮮人自知之與否吾不敢言惟見其爭奪政權醰醰然若有至味視昔爲尤劇也此次合併條約之發表鄰國之民猶爲之欷歔泣數行下而朝鮮人酣嬉自得其顯官且日日運動冀得新朝榮爵栩栩然樂也夫以朝鮮一千萬人中若安重根其人者亦未始無一二吾豈敢一律蔑視雖然此種人固億萬中不得一二卽有一二焉而亦不見重於社會匪惟不見重且不能以自生存蓋朝鮮社會陰險無恥者常居優勝之數而貞潔自愛者常居劣敗之數其人之爲惡殆非必出自天性而强半由社會現象迫之使然也（我國何如）

西哲有恆言政治者國民心理之返影也以如此之宮廷以如此之社會則其政治現象之所表見豈待問矣朝鮮於四十年前已知練兵之爲急嘗改革兵制請外國人爲教習矣而其所發軍餉乃至雜以泥沙故所練者不久旋潰（我國何如）甲午以後韓皇嘗率羣臣誓於太廟頒布洪範十四條矣考其條目視我之憲法綱領九年籌備案尤爲體大而思精也而一誓之後其君若臣卽已渺不復記憶（我國何如）嘗大改革官制矣建所謂一府八衙門者名稱悉仿日本日本政府所有之機關無一而缺也而據當時游韓者所紀載惟見有巍巍廣廈若干所矗立漢城中大榜於門曰某部某部而其中乃無一文牘大臣會議則惟圍坐一桌菸氣瀰漫游談無根無一語及政務也（我國何如）略舉數端他可隅反夫他事猶可假借獨無財不可以爲悅朝鮮之財政則何如當日俄之既戰也日本政府派目賀田種太郎者爲朝鮮財政顧問目賀田種之報告書曰人皆言韓國財政紊亂以吾所見則殊不足以當紊亂二字彼蓋無財政之形也噫嘻此可想像得之矣（我國何如）然則朝鮮十數年來所以豢此蠹國之官吏者究何所出曰種種惡稅其名固不可殫舉矣然朝鮮官吏之取於民非必據法定之租稅也其所欲者則掠奪之而已然直接掠奪亦已至於無可掠奪然數年前尚有間接掠奪之道焉曰鑄惡幣朝鮮嘗取日本之貨幣法譯而

頒之。號稱改革幣制。然主位幣未嘗鼓鑄一枚。惟鑄所謂五錢銅幣者無量數。（當日本之五錢銅貨當我銅元之半）又以警察機關不備。外國私鑄輸入者滔滔不絕。以致此種惡幣充溢市場。百物騰踴。民不聊生。（我國何如）朝鮮民本已媮惰不事生產。而政府復朘削之不已。農民終歲勤動無所得食。以故舉國之田悉廢不耕。草萊彌望。（我國何如）其官吏則懸缺而沽。公然不諱。沽缺不足。益以科第。一進士定價爲二千五百元。（我國何如）其外交也。喜弄智術。日言縱橫捭闔。常商榷於聯某國以抵制某國。而實則割臂飼鷹。舍身施虎。鷹虎未飽。身肉已糜。然而至死不悟也。（我國何如）蓋朝鮮政治之棼亂。不可理。臭腐不可嚮邇。雖罄南山之竹。不能述其萬一。一言蔽之。則厲精圖亂。發憤自戕而已矣。

眉山蘇氏之言曰。滅六國者六國也。非秦也。族秦者秦也。非天下也。日本雖處心積慮以謀人國乎。日本雖養精蓄銳有能亡人國之實力乎。顧何以不謀他國而惟朝鮮之謀。不亡他國而惟朝鮮之亡。使朝鮮而無取亡之道。雖百日本其如彼何。不見乎瑞士荷蘭比利時。其幅員戶口皆遠在朝鮮下。而以歐洲數大强國莫能亡之乎。此猶曰藉國際法上之永久中立以幸存也。不見乎前此以至强之法蘭西。欲亡德意志之二十餘小邦而不可得乎。不見乎前此以至强之奧大利。欲亡久衰之意大利而不可得乎。不見乎赫赫英國。以獅子搏兎之力加諸杜蘭斯哇。僅乃克之。猶不能收其地爲直隸殖民地。而卒聽其自設政府乎。是故亡朝鮮者朝鮮也。非日本也。夫朝鮮人既自樂亡。亦何足恤。然以彼之故。釀中日日俄兩次戰爭。戕三國百數十萬之生命。絞三國人民血汗所出之資以爲戰費。日本人之得之也。其代價固已不菲。而尚有蒙大損失而永世不可復之兩國。從旁以贊其葬禮。嗚呼其不祥之國哉。嗚呼。而今而後。朝鮮已矣。皇室之威嚴何在。官吏之權勢何在。兩班之門第何在。朘民膏以成之景福宮何在。三清洞中諸閔壯麗之邸何在。南宗北宗老論少論之派何在。一進會大韓協會何在。賄賂之纍纍於腰橐者何在。頤指氣使一呼百諾於前者何在。其四紀天子。惟有揮涕乘傳車以作歸命侯於昔日之與國。仰主人恩賜以餬其口。其舊時王謝。幸者則得微祿足以代其耕。不幸者則降爲皂隸。不免飢寒。其假虎威以自覆其宗者。則亦鳥盡弓藏。惟長留一賣國奴之名於史籍。供萬世之笑駡。回憶數十年來事。費幾許鉤拒以相軋。出幾許拳勇以相屠。作幾許不可見人之聲音笑貌以求一命之榮。用幾許不可質天地鬼神之手段以自殖其筐篋。而今也舉灰飛燼絕音塵響滅。尋思諦觀。卻爲誰來。然而朝鮮人固非至今日不寤也。嗚呼。

日本併吞朝鮮記

記例

一本文名爲日本併吞朝鮮記。故記事以日本爲主。其朝鮮內治及他國經營朝鮮之事蹟。惟舉其大概。取相發明耳。

一本文既名曰記。自不容多下論斷。但事實之原因結果。有不得不略爲說明者。將使讀者易於循省。故文體不能謹嚴。方家諒焉。

一本文所記事。其由朝鮮發生者。甲午以前。用中國年號。乙未以後。用朝鮮年號。其由日本發生者。用日本年號。

一本文或稱朝鮮。或稱韓。從行文之便。別無他義。

一朝鮮君主昔稱王。中稱皇帝。今則稱李王。本文所記。各就時代而從其稱。

外史氏曰。朝鮮今眞亡矣。朝鮮之亡。不自今日。特今日則名與實俱亡云爾。是故記朝鮮之亡。不得不託始於四十年以前。夫亡者朝鮮也。而亡之者日本也。朝鮮之所以由存而即於亡者。其所歷之塗徑有四。一曰役屬於中國之時代。二曰號稱獨立之時代。三曰役屬於日本之時代。四曰併吞於日本之時代。日本之所以亡朝鮮者。其所歷之途徑亦四。一曰與中國爭朝鮮之時代。二曰與俄國爭朝鮮之時代。三曰以朝鮮爲保護國之時代。四曰併吞朝鮮之時代。此兩造之四時代。其界線略同。今畫前兩時代爲前記。後兩時代爲本記。於以觀朝鮮自取剿絕之由。與夫日本謀人家國之術。此眞當世言政者得失之林也。

前記

第一　中日爭韓記

朝鮮與中日兩國之關係　朝鮮自古服屬於我。然惟漢代曾收其一部爲郡縣。過此以往。羈縻勿絕而已。我國自昔待屬國如此。匪獨一朝鮮也。而其國與日本一葦相望。日人之狡焉思啓。殆非一日。據東史所記。則當我漢獻帝建安中。日本有神功皇后者。曾親征新羅。略其地。置戍兵焉。當時朝鮮裂爲三國。曰高句驪。曰百濟。曰新羅。蓋高句驪與我交涉最繁。新羅則昵近日本。百濟則常修玉帛於二境者也。自唐以還。三國統一。名曰高麗。常北面於我。與日本之交殆絕。及明神宗萬曆間。日本有豐臣秀吉者。雄略爲彼國史中所僅見。嘗大舉伐朝鮮。幾滅之。賴我援。僅免。日本之與我爭朝鮮。實自茲始也。未幾我朝崛興。朝鮮恭順臣服最早。列聖懷遠以德。舍歲時享覲外。無所誅求。而日本則德川氏柄政。專務文敎。不遑外事。朝鮮閉關酣嬉者三百年。俗日以偷。政日以亂。其勢既不足以自存。值歐勢東漸。寖益多事。而日本方於其間就維新之業。磨刃欲試。我亦當中興之後。朝氣未衰。兩國相接。而以朝鮮爲之間。朝鮮亡機兆於是矣。

日韓交通初期　日本明治新政府初建之日。正朝鮮大院君專政之時。大院君李昰應者。朝鮮王李熙之生父。（熙即朝鮮前王甲午以後自稱皇帝四年前讓位其子稱太皇帝今被廢爲李太王者也）王方幼而爲之攝政。其爲人也。好弄術智而不知大體。喜生事而無一定之計畫。性殘酷憍慢而內荏多猜。實朝鮮民族性質之代表。而亂亡之張本人也。大院君之始攝政。實當我同治三年。（熙以同治二年即位時年十三）其時我國五口通商久開。日本亦已闢三互市場。世界大勢所趨。固不容朝鮮長此閉關自守。天主教勢力。寖瀰漫於其國中。而俄法美諸國。次第遣使議修好。而大院君壹以諉諸我政府。其諉諸我政府也。非守國際法上屬國之名分也。非懾我上國之威也。圖狡卸不自負責任而已。（著者案對於外交事件圖狡卸不負責任此吾中國人相傳心法朝鮮人亦師我長技者）大院君攝政之四年。而日本明治天皇即位。初日本當將軍秉政時。其與朝鮮交際。專委諸對馬守宗氏。幕府不自直接。至是。遣對馬守宗重正使韓。告王政維新。韓人以其璽書中有皇帝字樣。拒不受。明治二年。（同治八年）更使外務權大錄。（大錄官名權署理也下仿此）佐田伯茅少錄森山茂爲交涉使使韓。韓人拒如故。三年。復遣外務少丞吉岡弘毅往。使森山茂廣津弘信副之。淹留一年有半。不得要領。宗重正再移書喻指。勸韓廷引見吉岡等。不省。五年。宗重正復使其家臣相良重樹往與周旋。凡上書於韓政府二十四次。終不納。其年八月。復遣外務大丞花房義質少記森山茂乘二軍艦往使。爲韓吏拒如故。六年。廣津復奉命往。森山旋至。亦無所得。怏怏歸。蓋自日本明治維新以還。朝鮮之草梁館。（草梁館者所以待外賓也如我會同四譯館）無一日無日本使節之足跡。韓廷之虛憍無禮。誠出情理之外。而日人寧含垢忍辱而終不舍去。且終不肯轉而就商於我政府。（當時俄英等國皆轉而與我交涉）蓋其處心積慮。務置朝鮮於我勢力範圍以外。四十年間。政策一貫。而自始絕不肯誤一著以取自縛有如此也。

所謂征韓論　征韓論者。日本內政上之一大事也。而其因乃發自外交。先是明治二年。佐田栢茅反自朝鮮。即首倡用兵要盟之議。四年外務權大丞丸山作樂等謀組織一祕密隊。出奇襲韓。爲政府所覺。逮而錮之。繼此遷延數年。使節十數往返。而受侮於韓者愈甚。日人殆不復能忍。六年六月森山茂歸。盛言韓罪之當誅。且陳言方略。於是廷議分爲兩派。一曰征韓論派。參議西鄉隆盛副島種臣板垣退助江藤新平後藤象次郎主之。而以太政大臣三條實美爲之魁。二曰非征韓論派。參議大久保利通木戶孝允大隈重信大木喬任主之。而以右大臣岩倉具視爲之魁。兩派堅持所信。抗爭亙數月。非征韓論派卒勝。日本維新元勳。自茲分裂。西鄉一派。聯袂辭職。朝列空其半。遂以導明治十年西南之亂。雖然。非征韓論派。固未嘗謂韓之不可征也。謂今尚非其時云爾。要之日本自維新後。本已予韓人以不能安席之勢。而韓人所以因應之者復失宜。我國所以指導之者復無狀。坐使以區區小節。長強鄰敵愾之氣。而授之以問罪之口實。日本之有今日。未始非韓人激之使奮也。

江華灣條約　明治九年。光緒二年日本與朝鮮始結修好條約。所謂江華灣條約是也。先是征韓論既決裂。日本政府於明治七八兩年。仍先後派外務大丞宗重正理事官森山副官廣津詣韓。卑辭乞結約。韓人深閉固拒猶昔。明治八年九月。日本一軍艦測量朝鮮海岸。其舢板過永宗島。島上礮臺忽轟擊之。軍艦遂應戰。壞其堡壘。翌年正月。日本遂以陸軍中將黑田清隆爲全權大臣。議官井上馨爲副大臣。率六艦詣江華灣即永宗島問罪。且脅使結約。於是朝鮮擧國鼎沸。議和議戰。莫敢執咎。而日本威偪急於星火。遂以其年二月二十六日。締結所謂日韓修好條規者十二款。禮曰。爲人臣者無外交。不敢貳君也。朝鮮臣於我。而其有外交。實始此條規。第一款云。朝鮮爲自主之邦。與日本國有平等之權。當時韓人固視此爲義所當然。即我國亦從不識國際法上自主二字作何解釋。且素賤視日本。謂不足與大邦齒。方謂彼自願與我屬邦平等。足徵恭順。而不知日人所以十年間鍥而不舍

持滿而後發者其目營心注即在此自主平等之四字此約既訂日人遂不復認我之主權得行於朝鮮矣

壬午之變　朝鮮既與日本結約遣使往報聘其達官亦漸有游於日本者覩其政治修明羨而思效之乃先從事練兵聘日本一士官堀本某爲教習而其督練大臣既不曉兵事且貪黷無藝尅扣軍餉至食中雜沙土於是新軍與見汰之舊軍咸怨胥謀作亂光緒八年六月暴徒數千驟起殺官吏三百餘人堀本與焉遂火日本公使館公使花房義質僅以身免日本遂遣軍艦三兵士八百入仁川因定所謂濟物浦條約者其內容則(一)朝鮮逮治罪犯(二)償日本金五十萬元(三)派謝罪使於日本(四)日本使館置守衛兵也朝鮮有日本兵自茲始

甲申之變　自光緒八年以後中日之爭韓始劇壬午變起之際北洋大臣李鴻章使道員馬建忠偕大院君安置保定使提督吳長慶率師四千戍漢城專治兵事使同知袁世凱總理朝鮮交涉通商事宜專司對付韓人事使德人摩靈德夫爲外交顧問其海關亦使總稅務司赫德監督當時我國勢力之在朝鮮者視後此日本設統監時有過之無不及使吾有人焉雖百日本無如我何也乃吾之當其衝者既無絲毫政治上之常識不能爲之革秕政以靖亂源而復暴戾恣睢以賈其君民之怨坐使其新進氣盛之輩羣思結日本以撓我於是朝鮮有中國黨日本黨之目雖然中國黨盤踞要津既久日本黨後起勢固不敵日人不得已假卑劣手段以濟之遂有光緒十年十一月之變先是其年七月我軍與法戰於馬江敗績朝鮮人益輕我而日本駐韓公使竹添進一郎忽歸國九月復返漢城舉濟物浦條約所索償金五十萬元中之四十萬退還韓人聲言助其行政改革之用（著者案與美國之退還我庚子賠款何相類也）韓人深德之十一月日本在漢城所設之郵政局行落成禮韓廷貴顯及各國使臣咸集獨日使竹添託故不至宴方酣突有放火於比鄰者座客驚散號稱中國黨之閔臺鎬趙寧夏李祖淵尹泰駿韓圭稷

閔泳穆柳在賢皆遇刺死。日本黨之金玉均朴泳孝馳入宮門。疾呼淸兵作亂。日使竹添旋率兵一中隊稱入衞。擁王移別殿。謀挾以適仁川。王以失妃及太子所在涕泣不肯行。翌日我兵至。遂移王於我營。竹添不得逞。怏怏歸國。日本黨悉隨以去。其不及遁者咸就誅夷。是役也。日本誠心勞日拙。然其機變之巧。與其一往無前之概。使人一驚。

天津條約　甲申之變。戎首實爲日本五尺之童所能知也。而日人有藏身甚巧者一事。當我兵之入韓宮也。竹添禁其軍隊。不許開鎗。而袁世凱乃礮擊日本公使館。且焚燬之。予彼以一絕好之口實。果也光緒十一年三月。日政府居此奇貨。遣伊藤博文爲全權。詣天津與我北洋大臣李鴻章交涉。卒議定專條三款。（第一）中日兩國皆撤退朝鮮戍兵。（第二）兩國皆不得派員爲朝鮮軍隊敎習。（第三）朝鮮若有內亂。兩國中無論何國派兵前往。必預先行互相知照。此約款所以限制兩國者若甚平等。雖然。日本不過不能驟得其所欲得而已。我則舉旣得權而盡喪之也。此如吾世畜一僕。忽與客約曰。吾與客皆不得漫役此僕。客欲管僕。必得請於我。我欲管僕。亦必得請於客。天津條約正此類也。蓋江華灣條約使朝鮮自認非我屬國。天津條約使我認朝鮮非我屬國。蓋江華灣條約明朝鮮與日本平等。日本旣非他人之屬國。朝鮮自非他人之屬國也。天津條約明中國對於朝鮮之權利義務與日本平等。中國旣可目朝鮮爲我屬國。則日本亦可目朝鮮爲彼屬國也。

甲午戰役　自天津條約後七八年間。日本如鷙鷹將擊。先以蟄伏。其與朝鮮交涉無甚大事可紀。我袁世凱侈然以上國之代表臨之。頤使韓君臣若奴僕。日以賈韓人怨而招列國之嫉。嘗一度謀廢韓王。立其姪李埈鎔。而使大院君再攝政。有告密者乃中止。而閔妃之族。初以媚世凱得政。至是益橫恣。黷貨虐民。無所不至。民窮財盡。

內亂蠭起．光緒二十年三月．有所謂東學黨者．揭竿於全羅道．勢頗猖獗．袁世凱方思假此以立功名．遽勸韓王乞援於我．乃我軍艦揚威平遠操江方入仁川．而日本軍艦七艘儼然已在．且以陸戰隊四百大礮二門護其公使大鳥圭介入漢城．世凱驚愕不知所爲．我政府據天津條約．知照日本．日本謂依保護屬邦之舊例．從朝鮮之請派兵戡亂．日人以不認朝鮮爲我屬邦．覆書相詰．此問題爭辯殆匝月．日本不屈．我國約共同撤兵．不許．中間經英俄調停無效．更主張干涉朝鮮改革內政．我師方逍遙平壤．遷延待交涉之妥協．而日軍已徧滿漢城．韓廷狼狽無措．乞計於袁世凱．世凱惟告以自稱中國屬邦．理合乞援．日本出兵．甚爲無理．令以此當日本而已．而適啓日本以攻瑕之路．日使大鳥卽騰書朝鮮政府．詰其爲獨立之國乎．抑爲中國屬邦乎．限一日覆答．至是世凱口舌之力不復得施．遷延三日．而朝鮮卒以獨立國答．日使謂既爲獨立國．宜速改革內政．乃上政綱五條．促施行．韓廷益洶懼．決諸世凱．世凱謂宜陽許之．而促其撤兵．更爲後圖．蓋敷衍延宕．實吾國惟一之外交術．爲我屬邦者．例宜師之．韓廷與世凱心理同也．而日本固非若是易與．越旬日．且以書偪韓廷曰．朝鮮與中國昔所締約．與獨立國之性質不相容．宜摧棄之．韓廷未決答．而世凱已宵遁．自是朝鮮遂告絕於我．且與日本結攻守同盟條約矣．

日本干涉朝鮮內政之始　韓人之不自立．而惟人是賴．其天性也．日兵之既入韓京也．韓人之號稱維新黨者．舉欣欣然有喜色．競通款於日軍．乞以兵衛王城．廢王妃．起大院君再攝政．日人從其二．惟廢妃之舉．持而未發．未幾遂盡黜舊官．而設一議政府．八大衙門．名稱悉倣日本．以日本黨人充之．大院君爲之魁．新政府雖以改革自標異．而大臣日日會議．惟口銜菸管．游譚無根．從未一及國事．內之則朋黨傾軋．彼此互欲剸刃於其腹．著者案中國所謂新黨者何如時我軍敗報未至。大院君復貳於我。事發。日人逼使退位。日政府以大鳥圭介干涉韓政之不得要領也。使其維新元勳井上馨代之。井上上政策二十條。謁見韓王。聲色俱厲。韓王震慴。乃率羣臣誓於太廟。頒布所謂洪範十四章者。其要端則將王室事務與國家事務分離也。設責任內閣也。統一財政也。租稅以法律定之。不得妄徵也。改定官制。明正權限也。派游學也。行徵兵也。編纂法典也。用人不拘門地也。條理粲然。與後此我國之立憲九年籌備案乃大相類。然上自君主。下逮百執事。其嘗有一日定行此誓廟之洪範乎。則不待問而可知矣。雖以日本第一流政治家井上其人者。而無如朝鮮何。日本於是益知朝鮮人之不足與立。而取而代之之心益決矣。

馬關條約　戰役既竣。我與日本結馬關條約。其第一條則我國認朝鮮爲完全無缺獨立自主之國也。蓋朝鮮之以公文表示脫離上國之意思也。嚆矢於江華條約。而大成於攻守同盟條約。我之以公文表示捐棄屬邦之意思也。嚆矢於天津條約。而大成於馬關條約。自是我在朝鮮。無復發言權。日本謀韓之第一期政策。全然告成。而朝鮮王亦妄竊帝號。聊以自娛矣。

第二　日俄爭韓記

俄國謀韓之始　俄勢東漸。一日千里。既得海參威。則與彼密邇之朝鮮。在所不舍。理有固然矣。俄人有威爾拔者。在北京俄使館爲書記官。歷有年所。善能揣摩東方人之性質。而操縱之。甲申變起之際。彼方銜命在朝鮮。要求結約。以黷貨無藝之韓人。餂而市之。固易易。威氏乃出俄人所最擅長之懷柔政策。一舉而博韓人之信。其夫人又交際社會之尤物也。日玩閔妃於股掌之上。勢力漸彌漫宮中。於是光緒十年五月。俄韓通商條約成。威爾拔爲駐韓公使兼總領事。全韓政界勢力有折而入於俄之勢。先是我北洋大臣李鴻章。曾派德國人摩靈德夫爲韓國外交顧問本欲收其權於我也。乃摩氏以不慊於袁世凱之故反背我而即威爾拔。鴻章旋將摩氏撤回。派美人田尼代之田尼到任不數月又與世凱交惡爲威爾拔所利用一如摩靈。蓋當時世凱之在韓若匈奴使者之在鄯善。而威爾拔則從天而降之班超也。威爾拔之驟得勢。雖由其才術論者謂袁世凱之驕蹇間接以助成之者實不少云其後英國擬占領巨文島以防俄。以調停中止。俄復汲汲從事於烏蘇里江流域之開拓訂結俄韓邊界通商條約開咸鏡道之興慶爲通商口岸氣益張矣。

閔妃之難　中日戰方酣。威爾拔僕僕往還北京者殆一年。馬關條約正成。而俄法德三國干涉還遼之事旋起。三國中俄爲謀主。天下所共知矣。是故日本爲戰勝者。俄又爲戰勝者之戰勝者。我之於俄。猶敬而德之。趨蹌若不及。況乃朝鮮加以當時日使井上對於韓廷屢行威偪其旁若無人之概深爲各國駐使所嫉。威爾拔乘其間內之籠絡宮掖而外之以各使爲爪牙。韓人之不慊於日本者。咸倚威爾拔以爲重。而閔妃實爲之魁。時則有貞洞俱樂部者自俄使法使美使以下。韓廷所聘外國顧問五六人及李允用李完用尹致昊徐光範閔商鎬輩朝夕燕集實爲政界之中樞。前此日本黨人之在要津者皆怏怏失職。光緒二十一年八月日本忽撤回井上公使以三浦梧樓代之。先是日人有岡本柳之助者居朝鮮殆二十年。蹤跡詭異常出入宮禁。而尤爲大院君所信任。自閔氏之專。大院君久已積不能平。三浦到任之第三日即遣岡本夜謁大院君於孔德里厥明大院君挾訓練隊入衞。號稱清君側。訓練隊者。韓軍由日本將校訓練者也大院君旣入。日使挾使館衞兵一隊從其後。韓宮衞士拒之。閔於光化門。有死者。啣時大院君謁韓皇於乾淸宮。方有所陳奏。而內侍以皇妃閔氏見戕告。皇失色。是役也。各國輿論咸不直日本。謂以代表國家奉命修好之使臣。而敎唆亂黨。以戕與國主權者之匹耦。文明國際所未前聞也。日本政府亦知衆怒不可犯。越兩旬。繫其公使三浦梧樓及凡有職於使館者。與夫岡本柳之助等諸蒙嫌疑者四十人以歸。錮諸廣島。彼中所稱廣島疑獄是也。

俄人勢力全盛時代　日本之不惜名譽。欲出奇兵以摧敵。此其第二次矣。然其結果乃適以福其敵。甲申郵政局之變。韓王走入我軍。日本坐是不能得志於韓者七八年。今茲之變。若出一轍。事起後閱兩月。韓皇挾中官走俄使館。於是局盡翻。磔總理大臣金宏集軍務大臣鄭秉夏於市。詔旨從俄館如雨下。俄人更自仁川港軍艦中調集軍隊衞館門。而與各使議撤日本戍兵。於是韓皇作寓公於俄館者且一年。俄人於其間行財政監督。代練軍隊。設俄語學校。使京城元山間電線與西伯利亞接續。得咸鏡道採礦權。日本羨且妒。末如何也。

日俄協商　日俄爲朝鮮問題協商凡三次。第一次則明治二十九年五月駐韓日使小村壽太郎俄使威爾拔在韓京所商三款也。第二次則同年九月日本賀俄皇加冕專使山縣有朋與俄外務大臣羅巴那甫在俄舊京莫斯科所商四款也。第三次則明治三十一年四月駐日俄使羅善與日外務大臣西德次郎在日京所商三款也。其條款內容。不及具述。要之前兩次則日本甚屈從。後一次則俄國稍退讓也。俄國所以退讓者。其一則因韓人方設一獨立協會。排俄氣燄驟張。英又爲之聲援。俄稍懾焉。其二則因德國方占膠州灣。大有事於中國。俄人乘之。略取旅大。方將於大陸求所大欲。無暇瘁精力於區區半島也。此後數年間。朝廷稍得安堵。然俄人猶於其間有租借馬山浦事。有取得鴨綠江伐木權事。

日俄戰役　俄人乘義和拳之難。踞我滿洲。三次約撤兵。不見實行。且控上游以臨朝鮮。日人固無一夕得安寢。兩國尊俎交涉。僕僕年餘。始終不得要領。而彼此在韓國境內所設施。則光武五年（我光緒二七年 日明治三四年）日本有布設京城釜山間鐵路之事。七年有俄國租借龍巖浦建設礮臺之事。皆軍事上之設備也。當時兩國當局頗有持滿韓交換論者。則日人承認俄人占領滿洲。俄人承認日人占領朝鮮也。然俄人方驕。其所許與日人在朝鮮之權利。不能如其願。即日本輿論亦咸謂俄若奄有滿洲。日本無一日即安。卒於明治三十七年（我光緒三十年）一月。日俄大戰爭起。方戰之初起也。韓皇議走避於法國使館。不果。又效顰中國。向列强宣告局外中立。而日本則已先期火急完竣京釜鐵路工程。不旬日間。日軍已占領韓疆全部。遂締結所謂日韓國防同盟條約者六條。朝鮮之生命。自此全在日本掌握中矣。

菩孜瑪士條約　日韓國防同盟約既成。朝鮮旋宣言將前此俄韓條約悉行擯棄。朝鮮與俄之關係悉斷絕。及戰局告終。日俄兩國在美國之菩孜瑪士結媾和條約。其第二條云「俄國政府承認日本國之在韓國有政治上軍事上及經濟上卓絕之利益。日本政府在韓國認爲必要時執指導保護及監理之權。俄國不阻礙干涉之。」自茲以往。俄國認朝鮮爲日本屬邦。列强亦舉無異言。日本謀韓之第二期政策。全然告成。

本記

第三　日本役韓記

懷柔策　日俄之初開戰也。日皇命侯爵伊藤博文爲皇室專使往慰問韓皇。韓皇亦派其皇族李址鎔於東京

爲報聘大使日人待之有加禮極力示韓人以日本之可親雖似閑著實要著也其後日本皇太子巡遊韓國亦同此意

顧問政治　當日俄戰方酣而韓國政治勢力已漸推移於日本之手其時之政治吾名之曰顧問政治明治三十七年三月日人以其陸軍少佐野津鎭雄爲韓國軍部顧問九月以其前公使加藤增雄爲韓國宮內顧問兼農工商部顧問十月以其大藏省參事官目賀田種太郎爲韓國財政顧問以其所親信之美國人士狄布爲韓國外事顧問以其文學博士幣原坦爲韓國學政參與官以其內務省某官丸山重俊爲韓國警務顧問而前此韓政府所自聘之內部顧問法人狄爾哥法部顧問法人克黎瑪士總稅務司英人白里恩皆解職焉蓋自是韓國各部政自顧問出大臣伴食而已而日人於此期內復派陸軍大將長谷川好道爲駐韓軍司令官兼管其警察權之一部命各地領事受理韓民辭訟又將韓國通信機關全部委日本管理又訂韓國沿岸航行自由契約蓋已取全韓夘而翼之矣

一進會成立　滅韓者日本也助日本滅韓者韓之一進會也一進會者何冒政黨之名而獻媚於敵以獵取富貴者也一進會之領袖曰宋秉畯曰李容九而秉畯尤爲主動秉畯者前以國事犯罪遯跡於日本者十年及日俄交戰乃爲日軍嚮導以歸國者也其人本有陰鷙之才而巧於因利乘便日軍方席累勝之威彼茹柔吐剛之韓民旣爭思得新主人一顧盼以爲榮秉畯乃利用此心理爲號召以日本明治三十七年八月開一進會於漢城標舉贊助日本爲第一政綱不數月而全國響應會衆號數十萬平心論之卽微一進會日本固未嘗不可以滅韓而有一進會則日本滅韓更不費力故一進會之成立雖謂爲亡韓之一大事無不可也

統監府建　菩孜瑪士約既定。日本旋派伊藤博文爲遣韓大使。謁韓皇譬陳利害。越數日。日使林權助與韓外部大臣締結日韓新協約。定韓國爲日本保護國。先收其外交權。韓民洶洶抗爭。而一進會首贊之。時明治三十八年十一月十七日也。越十二月二十一日。日本遂頒統監府及理事廳制。任伊藤爲韓國統監。通告各國。公使以本年內撤歸。而韓國派駐外國公使亦一律召還。明治三十九年二月。伊藤至漢城。入統監府視事。首嚴宮中府中之別。禁雜流出入宮禁。政界稍肅淸。而韓皇坐此憤懣特甚。始嚴憚統監矣。其明年。韓國仿日本官制。設立新內閣。對於統監而負責任。以李完用爲總理大臣。

海牙密使事件與韓皇讓位　光武十二年（我光緒三十三年 日本明治四十年）七月。有韓人李相禼李瑋鐘李儁三人者。自稱韓皇代表。突然出現於荷蘭之海牙。要求參列萬國平和會議。越數日。有用美國人之名。發電報於各國大報館者。謂韓皇今見幽於日本之警察。殆同纍囚。日夕在此。只以眼淚洗面。於是日人洶怒。韓人失色。月之四日。韓皇派特使於統監邸。辯密使之不關己。韓廷諸大臣。連日祗謁統監。各自辯不與聞密使事。且刺探統監處置此事善後策。統監伊藤博文始終緘默。不發一言。六日。各大臣開御前會議。詢韓皇以事實之有無。韓皇不答。遷延旬日。韓內閣決議。乞韓皇讓位。以謝日本。韓皇大怒不聽。十七日。日本遣外務大臣林董爲特使如漢城。翌日。韓皇召見統監伊藤。旦旦以未派密使自誓。詞甚哀。伊藤不答。詢讓位可否。伊藤毅然曰。此非外臣所宜言。伊藤退。諸大臣入。夜分。韓皇下詔禪位於皇太子。十八日。皇太子卽皇帝位。改元隆熙。尊皇帝爲太皇帝。立太皇帝之幼子英親王爲皇太子。八月一日。新皇下詔解散韓國軍隊。十一日。統監伊藤歸日本。日本人環擁呼萬歲。如歡迎凱旋將軍之儀。

太皇帝之讓位也廷臣惴惴交贊之獨宮內大臣朴泳孝不畫諾泳孝者二十年前以倡議改革得罪太皇帝避地居日本而韓人所指目爲日本黨者也伊藤雅重其人及任統監薦授顯職辭不就讓位前數日泳孝忽詣闕乞召見遂自請爲宮內大臣難作泳孝守宮門拒外客護持璽綬不舍太皇帝今乃知其忠讓位後韓京蠢蠢有暴動日人謂是泳孝所煽捕而投諸獄

日韓皇儲交聘　伊藤之治韓也務市以恩使韓人感而自馴威偪禪讓乃事勢相薄不得已焉耳大勢既定旋復斂其厲烈之氣以爲雍容當其歸日本也奏請日本皇太子游韓以交驩其皇室而鎭撫其民旋請設副統監以曾彌荒助任之其請設副統監也將使之代己率其職而己別有所事也其年十月二日副統監曾彌受事十一月二十日韓皇遂命皇太子留學日本授伊藤太子太傅旋晉太師使挈以行伊藤自是日左右韓太子如保母然如是者年餘

伊藤博文遇刺　伊藤之治韓也其功績在馴擾韓皇操縱韓吏故表於外者無甚可稱述其最大事則設立東洋拓殖會社立韓國中央銀行全韓生計機關自是悉握於日本矣明治四十二年伊藤遂辭統監職曾彌代之而以日皇之命特命伊藤爲韓太子輔育長其年十月伊藤以私人資格游歷我滿洲月之二十四日抵哈爾濱驛韓人安重根狙擊之句三句遂卒重根者耶穌教徒曾學於美國者也既就逮日人鞫之不諱獄成得死刑問曷爲不逃曰吾爲光復軍一將官義不可逃問何欲曰吾已殲吾仇吾事畢一死外無他求也日人爲之起敬

第四　日本併韓記

一進會建言　日本併韓之謀。遠發自豐臣秀吉。近發自西鄉隆盛。彼其君臣上下。四十年來。曷嘗一日以茲事去懷抱。即自統監政治既建以後。徒以名實不相應。故種種却顧不得騁其志。彼其厭苦而欲一抉其藩也久矣。其維新元老山縣有朋伊藤博文井上馨輩。與時相桂太郎及其閣僚密勿集議。非一度。蓋於兩年以前早已有所決。（茲事甚祕彼中報紙前此未嘗一言及合併協約發表後乃歷歷敍其始末若數家珍）而特不欲發難於日本人。蓋其前此所以語韓人者。所以語我國人者。所以語俄人者。所以語全世界萬國人者。皆曰扶持朝鮮之獨立。保全其領土。而尊重其主權。口血未乾。載書高可隱人。而兩次用兵。曰以義戰。號於衆曰。吾自始非有利人土地之心。不寧惟是。吾不忍坐視吾友邦之顚沛。吾乃不惜糜吾數百兆之帑藏。擲吾數十萬之民命。以匍匐而救之也。吾友邦不治。吾乃不惜使吾垂老元臣曠厥職而佐其理也。夫如是。故其言甚順。而其所以自處者。常綽綽有餘地。而併合之舉。則終不能以與此美譽相容。故日本人羞出諸口。今世所謂國際道德。實有然也。而幸也有一進會出而助之張目也。初一進會首領宋秉畯列席於李完用內閣。爲農商務部大臣。去年七月。秉畯與完用齟齬。翩然辭職。作汗漫游於日本。而一進會長李容九入京。伊藤遇刺後九日。容九率會員三十萬人連署。呈日韓合邦請願書於其政府及統監府。統監曾禰荒助拒不受。而合邦論已風起水涌於全韓。秉畯逍遙日本。不識何作。容九與其會員則日日游說各郡。稱道合邦之利。其言曰。合邦得請。我韓民自今遂爲一等國民也。以此相號召。韓民信之者日益衆。自上請願書後八閱月。宋秉畯忽歸自日本。越旬日而合併協約成。或曰。一進會察韓國形勢。知合併與不合併等亡耳。不如合併猶可得增進人民樂利之一部也。或曰。一進會不慊於李完用內閣。欲取而代之。既不得。則寧並此虛名之政府而破壞之。以伺歸於盡。或曰。一進會非有見於韓民之利害也。亦非有所偏惡於韓政府也。而知合併成則一進會員將有所獲焉皆勿具論要之一姓代興法堯禪舜者則九錫文勸進表不可不成於先朝耆舊之手日本賞合邦之功宋秉畯李容九宜在伊藤博文上也

合併與日本輿論　當合併論之極昌於韓也而日本漠然若不措意全國報紙惟節錄一進會之請願書有時敍其游說各地之狀爲簡單之記事而已從不一置論其可否全國各報皆然各處集會演說亦不齒及如是者殆半年蓋日人於對外政策嘗從先覺者之指導全國同一步武若軍隊然其訓練有素也及時機將熟然後同時論者蠭起則大率商榷合併之條件及其善後策而論合併之得失者蓋甚希蓋此爲數年前已決之問題今無取曉曉也（著者案日本報館之規律的行動我同業所當鑑之而自省也）

統監之更迭　今年五月統監曾彌荒助以病乞休日皇乃命陸軍大臣寺內正毅爲統監以前遞信大臣山縣伊三郎副焉七月十五日新統監寺內入漢城日惟從事於交際優游若無事韓廷大臣亦惟循例酬酢而絕大問題已暗解決於尊俎之間八月十六日韓首相李完用借慰唁東京洪水之名訪統監邸合併協約之內容遂決於是時李完用者當閔妃遇害時奉韓皇入俄使館以與日本爲難者也及日本置統監完用乃見賞於伊藤博文於是相韓者四年寺內之入也舉國知大變在卽完用所親勸其避位毋以身當茲衝完用曰吾府怨於民久矣今欲避賣國之名更安可得託庇日本猶可苟全與其失職而坐受虀炙也不聽

日韓併合條約　明治四十三年八月二十九日日韓兩國同時併合條約發布其文曰（原文直譯）

日本國皇帝陛下及韓國皇帝陛下欲顧兩國間之特殊親密的關係增進相互之幸福永久確保東洋之平和爲達此目的確信不如舉韓國併合於日本爰兩國間決議締結併合條約爲此日本國皇帝陛下命統監

子爵寺內正毅韓國皇帝陛下命總理大臣李完用爲全權委員由全權委員會同協議後協定左之諸條

第一條　韓國皇帝陛下將關於韓國全部一切之統治權完全永久讓與日本國皇帝陛下。

第二條　日本國皇帝陛下受諾前條所揭之讓與且承諾將韓國全然併合於日本帝國。

第三條　日本國皇帝陛下約令韓國皇帝陛下太皇帝陛下皇太子殿下並其后妃及其後裔各各應於其地位而享有相當之尊稱威嚴及名譽且供給以充分保持之歲費。

第四條　日本國皇帝陛下約對於前條以外之韓國皇族及其後裔使各各享有相當之名譽及待遇且供給以維持之必要之資金。

第五條　日本國皇帝陛下對於有勳功之韓人認爲宜特表彰者授以榮爵且給以恩金。

第六條　日本國政府因前記併合之結果全然擔荷韓國之施政凡韓人遵守該地所施行之法規者其身體及財產充分保護之且圖增進其福利。

第七條　日本國政府對於韓人之誠意忠實以尊重新制度而有相當之資格者在事情所得許之界限內可登庸之使爲在韓國內之帝國官吏。

第八條　本條約經日本國皇帝陛下及韓國皇帝陛下之裁可自公布之日施行之。

明治四十三年八月廿二日　　統監子爵　　寺內正毅

隆熙四年八月廿二日　　內閣總理大臣　　李完用

與此條約同時發布者更有日皇詔書四通其第一通則宣示合併之意其第二通則李王家優遇之詔書册封

前韓國皇帝爲昌德宮李王。前太皇帝爲德壽宮李太王。以特恩許用殿下之敬稱也。其第三通則封前韓皇族李堈李熹二人爲公也。其第四通。則韓國境內大赦免租也。復有合併宣言通告各國。則凡前此朝鮮與各國所結條約悉無效。領事裁判權卽行廢止。而關稅則十年後乃議改也。

朝鮮自此非復國家矣。朝鮮自此無皇室矣。朝鮮自此無政府矣。朝鮮自此無國民矣。朝鮮之主權者。十年以前本王耳。今亡而得王。可無恨也。獨其皇室財產能享有與否。約中無明文。各報所記。或曰讓與日本。或曰聽其自處分。疑莫能明也。惟韓皇室五百年來相傳之私產。本至富。蓋全國土地五之一隸少府云。但蕪而不治。日本設統監後。早盡取爲國有矣。自今以後。仰新主所賚。毋恤飢寒已耳。韓皇族不下數十萬人。今受爵者得二人焉。餘則與齊民等也。韓人祇能在韓地爲官吏。且須合於日本政府所謂相當之資格。而又在事情所得許之界限內也。所謂一躍而進爲一等國民者。果安在。嗚呼。亡國之君主。亡國之皇族。亡國之人民。如是如是也。

或問曰。日韓兩國中。苟今後有一國不履行條約。則將若之何。答曰。凡以兩國主權者之名締結條約。苟後此有一國不履行約中義務者。則對手國應提出抗議。抗議不恤。則可請第三國居間裁判。裁判不服。則開戰。一切條約皆同玆軌。今既名爲日韓兩國條約。由兩國主權者命全權締結而裁可施行。則亦豈能外此原則。而無如緣此條約之結果。而兩締約國中之一國從此消滅。則安從得抗議之主體。安從得受裁判之主體。安從得交戰之主體。質而言之。則條約成立之一刹那頃。卽條約消滅於此一刹那頃也。何也。凡契約皆以兩人格者雙方之意思。互規定其權利義務關係。人格消滅。則意思消滅。而權利義務關係。自隨而消滅也。問者曰。然則條約中所許與韓君民之權利。果足恃乎。日本食言奈何。答曰。不足恃固也。然日本爲政略上起見。吾信其於最近之將來決不食言也、且日本亦何惜此區區者、問者曰、然則此直命令耳、恩詔耳、非復條約、曷爲以條約之形式定之、以條約之名名之、答曰今世文明國之文明舉動、皆尊形式而尚名、故雖滅人國猶出之以禮讓、此非自日本作古也、

合併前後雜聞　合併條約於八月十六日經寺內正毅與李完用議定十七日寺內以其結果電告日本政府、十八日日本政府開臨時內閣會議、二十二日開臨時樞密院會議、既決以二十五日公布矣、韓政府忽以月之二十八日爲韓皇即位滿四年之期、請開紀念會祝賀後乃發日人許之、是日大宴羣臣熙熙若平時、而日本統監亦循外臣禮、拜舞於其間、世界各國凡有血氣者、莫不驚韓君臣之達觀也、

合併條約發表後五日日本冊封使稻葉某至漢城李王李太王拜受印綬後、與勅使分庭抗禮、自陳願入覲、其妃嬪皆汲汲學日語、日不暇給云大約本年以內、當見東京中有巍巍賜第也、

一進會四年來到處游說頻提出政見於政府、合併條約發表後一日獨上一建白書於統監府、援刑亂國用重典之經義、請日本師子產治鄭孔明治蜀、識者謂不失爲朝鮮對症之藥、但不宜出諸韓人之口且不勞韓人之敎猱升木耳、越三日而一進會宣告解散、似一進會爲亡韓之特設機關、韓既亡則機關自可廢也、

合併條約發布之日、日本即下緊急勅令廢韓國國號、名其地曰朝鮮、置朝鮮總督、以前統監寺內正毅任之、其副統監山縣伊三郎、則任總督府民政長官、寺內總督即日布戒嚴令禁止集會今舉朝鮮全境方若束溼也、

列强對於日本併韓之舉、咸視爲意計中事不以爲訝、惟汲汲自護其既得權耳、日本輿論於關稅十年從舊之條、大有所不慊然、日本政府方思交驩歐美列强、頗懔專欲難成之戒、其出此非得已也、

朝鮮之亡、郡縣長官、海外學生、頗有殉國者、而韓廷達官、不聞一人、其地方農氓僑外商工、亦復有毀家獻身謀

光復者。今報紙方傳其消息。未審其進行若何。然結果無可見。五尺之童知之矣。寧蹈東海而不帝秦。君子哀其志而悲其遇而已。

外史氏曰。自菩孜瑪士條約以後。朝鮮已不復得齒於國家之林。此次合併。所易者僅其名義耳。實則卽微合併之舉。亦安得云朝鮮未亡者。雖然。明知其亡不於今日。而今日之事。有心人聞之。猶且欷歔流涕不能自勝。此如有病人於此。羣醫謂其不治。戚黨早知無幸。而及其死期之至。固不得無所動於中也。夫國必自伐。然後人伐。朝鮮苟非自亡。則無人能亡之者。理固然也。然四十年來。欲得爲日本之所爲者。非一國。而穫其實者曷爲惟在日本。此不能徒曰天幸而已。夫以我之在朝鮮也。積二千年之威。而復臨之以大義名分。事勢之順。日本弗逮吾萬一也。卽俄羅斯挾其廣土衆民。奪之以先聲。其能爲重於朝鮮。亦倍蓰日本也。而日本處至逆之境。奮至綿之力。以與此二强者爭雄長。而得失之數。乃反於其所憑藉。雖曰乘一戰之威。然戰事以外。其所以致之者。蓋亦有道矣。吾嘗比次論之。得八端焉。日本之謀朝鮮也。數十年間。政策一貫。自始卽爲一定之計畫。率而行之。一絲不亂。例如朝鮮閉關絕使之時。一切諉責於我。俄美諸國。亦且移而與我交涉。而日人始終不肯遷就。寧含垢忍辱以求朝鮮之見許。蓋早已灼見乎朝鮮非離我獨立。則彼無所施其技也。此其一也。日本之在朝鮮。失敗亦屢矣。吾厄之。俄人厄之。朝鮮人自厄之。乃至列强屢助其敵以厄之。而彼曾不以此廢其初志。如河流然。或繞嶺以旋。或伏地以行。或挾沙石以下。必至於海然後已。其忍辱負重。百折不回之概。眞乃精誠所至。鬼神避之。此其二也。見機至敏。而赴之也至迅疾。苟有絲毫可乘。決不肯縱之使逸。此其三也。冒險邁往。能爲他國所不爲之事。其甚者如郵政局事件。如閔妃事件。常以霹靂手段。使應之者不知所措。而因以收其後效此其四也他國之謀韓者惟專肆力以操縱其宮廷即在宮廷中亦僅視現時勢力所在圖利用之而一切潛勢無暇兼及日本則如水銀瀉地無孔不入無論何方面彼皆用力又善能察知黨派之同異離合或闕之或糅之抑揚抗墜變動不居而壹以有利於己國爲鵠此其五也其人民輿論之勢力他國莫或措意而日人則四十年經營不怠故能造出一進會等以供彼無形有形之機關此其六也他國所汲汲扶植者惟政治上之勢力彼則生計上之勢力與政治上之勢力同時猛進不休此其七也他國之主動者有若我之袁世凱有若俄之威爾拔不過一二人已耳彼則種種方面皆有人分途活動如一軍隊然上自將校下至小卒咸率其職共趨一切而游擊偏師出奇制勝者更所在而有此其八也信乎優勝劣敗之不誣而成功之有自矣夫其於朝鮮則既已奏凱而歸矣而彼之挾此優勝之技以心營目注者豈直一朝鮮而已是故吾觀朝鮮之亡乃不寒而慄也

附　朝鮮對於我國關係之變遷

明崇禎十年，卽淸崇德二年，（一六三七年）滿洲軍占領漢城及江華島，與朝鮮結城下盟，使朝鮮與明斷絕國交，自認爲淸之屬國，每歲貢米粟紙布鼠皮豹皮鹿皮水獺皮等，盟成而還。及滿洲入主中國，朝鮮隨復爲中國之屬國，凡二百餘年。

及今王卽位之初，大院君柄政，以排外爲政策。同治五年（一八六六年）大殺戮基督教徒，法國之主教監督殲焉。法人將問罪於朝鮮，而以其爲我屬國也，乃先質諸我政府，我政府憚於代朝鮮受過也，夷然謝法使曰：『我與朝鮮絕無關係。』於是有法提督羅士氏率軍艦以入江華之事，（見第一章）實爲我國政策失敗之第一著。

同年美國一商船觸礁於大同江口，朝鮮政府下令焚其船，僇其人。同治九年（一八七〇年）美人將問罪焉，亦先質於我政府，我政府亦以所以答法人者答之，於是有美提督羅渣士氏率軍艦以入漢城之事，（見第一章）實爲我國政策失敗之第二著。

光緒元年（一八七五年）日本商船有至朝鮮領海者，江華島人礮擊之。日本政府以日本與朝鮮之關係始終不可不定也，而欲定日本與朝鮮之關係，則又當先定中國與朝鮮之關係，以爲之前提也，乃一面遣森有禮使於北京，一面遣黑田淸隆率二軍艦以赴漢成，森有禮之至也，我政府襲前此對付法美之慣技以對付之，公然爲證言曰：『朝鮮之事，我國不任其責也。』於是其年十二月，日本有與朝鮮結江華條約之事，（見第一章）夫保護國不能與他國締結條約，此國際法上之通義也，我以此特權與朝鮮，實明示朝鮮以不認保護國之位置也，實爲我國政策失敗之第三著。

於是光緒三年朝鮮與美國條約成。四年與英德俄法意諸國條約成。當朝鮮之與美訂約也。李鴻章命朝鮮於條約中特著一條。聲明爲中國屬國。而美使梭弗力氏大反對之。李氏之志遂不得達。乃更出他策命朝鮮一面與諸國定約。一面別以正式公文通告諸締約國自認爲中國附庸。雖然此通告實無效之通告也。何以故。以既爲附庸國。則必不能與獨立國結對等條約。既與獨立國結對等條約。則必非附庸國。以論理學公例證之不容兩立。故實爲我國政策失敗之第四著。

光緒十年。以金玉之亂。中日兩國駐韓兵隊幾生大衝突。翌年。日本派伊藤博文至天津與李鴻章訂結所謂天津條約者。其第　條云。

嗣後朝鮮有事。中國當發兵前往。先咨照日本。日本派兵前往。亦必咨照中國。

此約文實使朝鮮位置生一絕大變動之先兆也。何以故。以此約文。以國際法理解之。明認朝鮮爲中日共同保護國故。夫朝鮮自光緒元年以前。純爲中國保護國。自光緒三十一年以後。純爲日本保護國。而於其間有一過度時代焉。此時代之關目。則天津條約是也。夫我既不能確保上國權利。則竟一刀兩段全然放棄。猶不至惹葛藤。以牽全局也。乃既無實力。復戀虛名。既不肯自認無干涉之權。又不能拒他人有干涉之權。乃首鼠兩端。演此醜態。實爲我國政策失敗之第五著。

迨甲午之役。遂以朝鮮爲藩屬爲自主之一問題。致兩國以干戈相見。今述其戰前之交涉如下。

（中國公使汪第一次照會日本外部）　我朝素宏字小之仁。斷難漠視藩屬之難。

（日本外部陸奥第一次照覆） 查貴國雖指朝鮮爲藩服。然朝鮮王從未自承爲屬於貴國

（總理衙門第一次照覆日使小村） 我朝以朝鮮王申請救護。業已派兵前赴該國。此係按照撫綏藩屬之例。

（日使小村第二次照會總署） 本國歷來未認朝鮮爲貴國之藩屬。此次派兵前往。一係按照日朝兩國在濟物浦所訂之約。一係照中日兩國在天津所訂之約妥愼辦理。

（日本外部第二次照會中使汪） 亂事既定。所有朝鮮內政亟應代爲修整。兩國擬各簡命數大臣前往朝鮮同心稽察各弊。其分應整頓俾朝鮮日起有功者。如國庫出納款項。如遴選大小官吏。如募練彈壓內亂陸兵等皆是。

（中國公使汪第二次照覆） 但其內治作何整頓之處。應任朝鮮王好自爲之。即我中國亦不願干預。至貴國既認朝鮮爲自主之國。豈能干預其內政。其意不辨自明。

（日本外部第三次照覆中使汪） 查朝鮮王常蓄陰謀。致釀禍亂。大爲敝國之害。乃其自主之力。又屬太薄。不足以膺重任。其關係於敝國者。不特通商一端而已。地之相去甚近。又有干涉遠方之處。敝國萬難坐視。（中略）是以決計代爲設法。以保太平之局。

由此觀之。天津條約純使朝鮮立於中日公同保護之地位。開戰前之交涉。全以此問題爲爭點。致日本得提出兩國公同干涉內政之議。夫日本之言公同干涉也。既明知中國之不肯干涉。且不能干涉。特以此語稍還天津條約之體面而已。故此議不諧。日本已悍然露獨占之勢。觀最後兩次之照會。其肺肝如見也。更述當時兩國宣

戰之詔勅。

（中國宣戰書） 朝鮮爲我大淸藩屬二百餘年。歲修職貢。爲中外所共知。（中略）乃倭人無故派兵突入漢城。嗣又增兵萬餘。迫令朝鮮更改國政。種種要挾。難以理喩。我朝撫綏藩服。其國內政事。向令自理。日本與朝鮮立約。係屬與國。更無以重兵欺壓。强令革政之理（下略）

日本宣戰書（前略） 緬惟高麗爲獨立之邦。而與各國結約通商。實由我日本勸導之也。然而淸國恆稱高麗爲藩邦。干涉其內政（中略）茲按高麗獨立之地位。原係日本維持之力。各國條約所公認。淸國非但謀損高麗之地位。且置條約於不顧（下略）

此藩屬與獨立之一問題。以口舌不能解決。而至求解決於干戈。自開戰以後。而朝鮮與中國恩斷義絕矣。先是開戰前一月二十八日（陽歷六月）日本駐韓公使大鳥圭介照會韓廷。詢其果自承爲中國藩屬與否。要正式之確答。韓廷照覆。謂誠爲獨立國。與日本有同等之權利。日本迫令以公文宣布之。開戰前十日（陽歷七月二十五日）日使覆迫韓廷廢棄光緖九年所訂之淸韓水陸交通條約。以彼約中實明定兩國主屬之關係也。韓廷尙未確答。而戰端已開。已開後五日。遂締結所謂日韓協約者。其第一款云。

本約之設。專爲維持朝鮮之獨立與日朝之利益。凡淸兵在朝者。宜逐出境外。

是朝鮮與中國斷絕關係之始。開戰後半月（陽歷八月十五日）朝鮮外務大臣金允植通牒各國。謂朝鮮與中國前此所締條約。一切破棄。翌日復下上諭。撤去中國人之治外法權。蓋自是而朝鮮隨日本之後。與中國爲敵國矣。

光緖二十一年二月馬關條約成。其第一款云。

中國確認朝鮮爲完全無缺獨立自主之國。凡前此貢獻等典禮損害其獨立自主之實者全廢之。

朝鮮王旋布告誓廟文其第一條云。

割斷依附清國之思想。確建自主獨立之基礎。

中日和約既成。以後中國遂派徐壽朋爲駐紮朝鮮公使。純立於平等國之地位。而韓王亦進而皇帝矣。嗚呼。十年一覺揚州夢。贏得青樓薄倖名。朝鮮負中國耶。中國負朝鮮耶。縱觀法韓搆難以後中日媾和以前之交涉史。而不禁熱淚之承睫也。

敬啓

『民國專題史』叢書，乃民國時期出版的著名學者、專家在某一專題領域的學術成果。所收圖書絶大部分著作權已進入公有領域，但仍有極少圖書著作權還在保護期内，需按相關要求支付著作權人或繼承人報酬。因未能全部聯系到相關著作權人，請見到此説明者及時與河南人民出版社聯系。

聯系人　楊光
聯系電話　0371-65788063
2016年3月28日